Yvon Dallaire

Auteur du best-seller
Qui sont ces couples heureux ?

Qui sont ces hommes heureux ?
L'homme, l'amour et le couple

Traité de psychologie des hommes heureux en amour

 Option Santé
ÉDITION

Catalogage avant publication de Bibliothèque et Archives nationales du Québec et Bibliothèque et Archives Canada

Dallaire, Yvon, 1947-

    Qui sont ces hommes heureux ? L'homme, l'amour et le couple : traité de psychologie des hommes heureux en amour.

    Comprend des réf. bibliogr.

    ISBN 978-2-922598-30-8

    1. Femmes – Psychologie. 2. Relations entre hommes et femmes. 3. Couples. I. Titre

HQ1208.D34 2010   155.6'33 C2010-941336-9

Les Éditions Option Santé Enr.
675, Marguerite Bourgeoys #301, Québec (Québec) Canada, G1S 3V8
Téléphone : +418.687.0245
Courriel : info@optionsante.com
Sites Internet : http ://www.optionsante.com / http ://www.yvondallaire.com

Mise en page : Chalifour Communication inc.
Conception de la page couverture : Caroline Bédard
Photo de la page couverture : Getty Images
Photogravure et impression : Marquis Imprimeur
Photographie de l'auteur : Éric Labbé
Révision linguistique : Renée Bérubé et Caroline Bédard

Dépôt légal : 4e trimestre 2010
Bibliothèque et Archives Canada
Bibliothèque nationale du Québec
ISBN 978-2-922598-30-8

Distributeurs exclusifs :
Pour le Canada : Les Messageries Agence de Distribution Populaire (ADP)
Pour la France : DG Diffusion
Pour la Suisse : Diffusion Transat
Pour la Belgique : Diffusion La Caravelle

Imprimé au Canada

À mon fils, Jean-François,
à mon petit-fils, Noah,
et à mon beau petit-fils, Raphaël,
pour qu'ils soient heureux
avec la femme de leur choix.

Du même auteur

Aux éditions Option Santé

Qui sont ces femmes heureuses ? (2009)

Qui sont ces couples heureux ? (2006)

Moi aussi... Moi... plus. (2002)

La violence faite aux hommes. (2002)

Homme et fier de l'être. (2001)

Pour que le sexe ne meure pas. (1999)

Chéri, parle-moi ! (1997)

S'aimer longtemps ? (1996)

Aux éditions Jouvence
Petit cahier d'exercice des couples heureux (2012)

Les illusions de l'infidélité. (2008)

Cartographie d'une dispute de couple. (2008)

La sexualité de l'homme après 50 ans. (2008)

Guérir d'un chagrin d'amour. (2008)

Aux Éditions du Renouveau Pédagogique
La sexualité humaine. (2009)
(Avec Pierre Langis et Bernard Germain)

Aux Éditions Quebecor
Vivre à deux, c'est mieux (2011)

Les couleurs de l'amour dans le couple (2010)

Chroniques conjugales. (2009)

Aux Éditions Bayard Canada / Société Radio-Canada
La planète des hommes. (2005)
(Ouvrage collectif supervisé par Mario Proulx)

Sommaire

L'approche psycho – sexuelle appliquée aux couples (APSAC)

Ce livre est le troisième d'une trilogie sur le bonheur conjugal :
1. *Qui sont ces couples heureux ? Surmonter les crises et les conflits du couple (2006)* ;
2. *Qui sont ces femmes heureuses ? La femme, l'amour et le couple (2009)* ;
3. *Qui sont ces hommes heureux ? L'homme, l'amour et le couple (2010)*.

Le premier livre analyse les dynamiques conjugales à partir du point de vue d'un couple heureux à long terme. Le deuxième présente aux femmes les connaissances et attitudes nécessaires pour faire de leur couple un succès à l'épreuve du temps. Le troisième fait de même, mais s'adresse aux hommes.

Les concepts développés dans ces traités du bonheur conjugal sont le résultat de plus de trente ans de pratique en consultation conjugale auprès de milliers de couples venus consulter l'auteur. C'est aussi la synthèse des recherches et des théories sur la nouvelle psychologie différentielle des sexes. L'auteur s'est inspiré principalement des approches suivantes :

- la théorie des couples heureux de John Gottman et de son équipe ;
- la neurobiologie du bonheur de Stephan Klein ;
- les principes de l'intelligence émotionnelle de Daniel Goleman et de son équipe ;
- l'approche systémique de Gregory Bateson ;
- la théorie émotivo-rationnelle d'Albert Ellis ;
- les nouvelles données de l'approche comportementale et cognitive d'Hales ;
- les hypothèses de la psychologie évolutionniste de Tooby et Cosmides ; et
- les récentes découvertes de la neuropsychologie décrivant l'influence du cerveau sur le comportement humain.

La synthèse de ces différentes approches a donné naissance à l'Approche Psycho – Sexuelle Appliquée aux Couples (APSAC) mise au point par l'auteur, approche tenant compte des données de la nature humaine, mâle ou femelle, et de l'influence de la culture dans la constitution de la personnalité, masculine ou féminine, de chaque être humain.

Fondamentalement, l'approche psycho – sexuelle appliquée aux couples repose sur deux postulats : le premier part du principe qu'une fois adulte toute femme et tout homme est responsable à 100 % de sa vie et de ses actions et réactions à son partenaire. Le deuxième met de l'avant l'importance de l'intelligence émotionnelle conjugale qui permet aux deux partenaires, tout en tenant compte de leurs émotions, de ne pas laisser les émotions négatives prendre le dessus sur leurs émotions positives les liant à leur partenaire.

Nous espérons que la lecture de ce livre saura vous aider à trouver l'intimité, l'harmonie, l'engagement et l'amour dans votre couple et facilitera la satisfaction de vos besoins légitimes et la réalisation de tous vos projets de vie à deux.

Note de l'éditeur

Vivre avec une femme!

« Elle va me rendre dingue ! »

Combien d'hommes n'ont pas abouti à cette conclusion au moins une fois dans leur vie ?

Vivre avec une femme paraît parfois tellement difficile, mais en même temps, il semble encore plus difficile de vivre sans elles.

Car le plus grand des bonheurs pour un homme, c'est de rendre une femme heureuse. C'est ce qui apporte un vrai sens à ses gestes. Elle est son phare, son ancrage. L'amour qu'elle lui porte donne à l'homme l'énergie de déplacer les montagnes. Il se dépasse pour elle et grandit en conséquence.

Malheureusement, beaucoup d'hommes ne savent plus quoi, ni comment faire pour rendre leur compagne heureuse. Ils ont vécu des relations qui se sont mal terminées et ils craignent d'ouvrir à nouveau leur cœur. Ils se sont confrontés à des femmes manipulatrices ou qui manquaient totalement de confiance en elles, et cela les a brisés dans leur élan.

De surcroît, quarante ans de féminisme et de théories égalitaires ont jeté le trouble. Les hommes savent qu'ils ne peuvent plus mener leur vie de la même manière que leur père, et ce n'est d'ailleurs pas leur souhait, n'ayant pas vu, la plupart du temps, leur père heureux.

Mais ces certitudes ne leur donnent pas les clés pour véritablement comprendre les femmes d'aujourd'hui, leurs besoins et leurs attentes.

Face à cette situation, les stratégies divergent. Certains vont d'aventure en aventure, espérant un jour trouver une femme qu'ils comprendront enfin. D'autres choisissent une compagne qui se laissera contrôler et se soumettra à leur vision des choses. Ou alors, ils acceptent de se laisser contrôler et laissent leur partenaire gérer leur vie comme elle l'entend. D'autres encore se résignent à vivre dans cette incapacité à comprendre leur femme et apprennent à éviter les sujets qui fâchent. Une dernière stratégie consiste à créer des vies parallèles permettant d'échapper de temps à autre à ce quotidien morose.

Malheureusement, aucune de ces voies ne rend un homme vraiment heureux. Et c'est très dommage car, quoiqu'en disent certaines femmes, et même si les hommes l'expriment moins, ces derniers ont vraiment envie de vivre une relation épanouissante avec une partenaire de vie. Ils aspirent tout autant que les femmes à aimer et à être aimé.

Il faut donc emprunter une nouvelle voie. Cette voie consiste en l'apprentissage et la remise en question personnelle. Si vous tenez ce livre entre les mains, c'est que vous êtes déjà prêt à suivre ce nouveau chemin.

Et vous faites bien, car l'avenir n'est pas obligatoirement le prolongement du passé. Quoi que vous ayez vécu auparavant, vous avez toujours la possibilité de construire une belle histoire d'amour et d'être heureux en apprenant de vos erreurs, en acceptant un petit travail personnel et en vous informant.

À cet égard, le livre d'Yvon Dallaire est une vraie pépite d'or. Yvon dispose d'une expérience unique et d'une connaissance extrêmement approfondie des relations entre hommes et femmes. Il présente le sujet d'une manière très simple, drôle et surtout très saine. Il a le courage de dire les choses telles qu'elles sont et ne s'embarrasse pas de phrases politiquement correctes ni de concepts plus ou moins fumeux. Il a pour seul objectif de vous apporter les clés pour être plus heureux car il croit profondément dans la possibilité de chacun de créer la vie amoureuse de ses rêves.

Avec ce livre, l'auteur a accompli sa part – remarquable – du travail. A vous maintenant d'intégrer dans vos vies ce que vous allez lire pour faire partie, je vous le souhaite de tout cœur, de la famille grandissante des hommes heureux.

Paul Dewandre, MBA
Formateur, auteur et conférencier
www.dewandre.fr

Votre satisfaction conjugale

Avant de débuter la lecture de ce livre, je vous invite à vous rendre sur le site CoupleHeureux http://www.coupleheureux.com afin de répondre aux vingt-cinq questions du test d'évaluation de votre taux de satisfaction conjugale. Vous pourrez ainsi préciser les sources de satisfaction et d'insatisfaction de votre couple actuel (ou antérieur).

Répondez aussi aux cent interrogations du deuxième questionnaire sur vos connaissances et attitudes face à la vie à deux et vous pourrez alors être plus sensible et attentif à ce qu'il vous faudra modifier dans vos attitudes et connaissances sur la relation conjugale. Vous saurez mieux comment investir les efforts à faire pour améliorer votre degré de satisfaction conjugale et celui de votre partenaire.

Les propos et les conseils que vous trouverez dans ce livre sont la synthèse

1. des études récentes faites sur les couples heureux à long terme par de nombreuses équipes de chercheurs,

2. des connaissances et de l'expertise développées au cours de mes trente années en tant que psychologue en thérapie conjugale et

3. de mon expérience de quarante années de vie de couple, dont les trente dernières avec ma partenaire actuelle.

Je vous souhaite une excellente lecture et beaucoup de bonheur à deux, bonheur que je sais possible au-delà des conflits souvent insolubles et des crises inévitables de la vie à deux. Malgré ces conflits et ces crises, le couple apparaît encore aujourd'hui comme le meilleur style de vie et la meilleure garantie de bonheur, à la condition d'ajouter à l'amour et à la bonne foi les connaissances et les efforts nécessaires pour y arriver.

À qui s'adresse ce livre ?

Ce livre s'adresse à tous les hommes qui croyaient que leur « princesse » ne changerait jamais et qui n'ont finalement jamais espéré ce qu'ils ont obtenu de leur vie de couple. À tous ceux qui songent sérieusement à une séparation temporaire ou à un divorce. À ceux qui, ayant cru avoir trouvé la femme de leur vie, ont réalisé rapidement que celle-ci correspondait de moins en moins à l'image qu'ils s'en étaient faite et qu'elle leur avait présentée. À tous ceux qui ont l'impression d'être les seuls à se retrouver dans cette situation.

Ce livre s'adresse à tout homme qui croit qu'il serait plus heureux si sa partenaire compliquait moins les choses ; si sa femme se préoccupait moins de tout ce qui pourrait arriver ; si elle faisait plus confiance en l'avenir et en lui ; si elle tenait davantage compte de ses besoins et désirs sexuels ; si elle passait moins de temps à s'occuper des enfants ; si elle était moins portée sur le ménage ; si elle le laissait plus souvent en paix ; si elle ne critiquait pas aussi souvent ; s'il ne devait pas toujours lui prouver son amour ; si elle parlait moins et l'écoutait plus attentivement ; si elle pressentait moins de scénarios de catastrophe ; si elle se préparait plus rapidement pour sortir ; si… si… si…

Ce livre s'adresse évidemment à tous ceux qui ont multiplié les échecs amoureux et qui, désabusés de la vie à deux, en arrivent à croire que mieux vaut rester seul plutôt que de s'engager avec une femme qui cherchera à lui imposer ses règles. À tous ceux qui, après une période passionnelle de quelques mois ou quelques années, découvrent que se cachait une «sorcière[1]» dans la princesse qu'ils avaient rencontrée.

Ce livre s'adresse à tous les hommes convaincus que la femme veut les contrôler, qu'elle est impossible à satisfaire, qu'elle n'est jamais contente malgré tous leurs efforts, qu'elle sait toujours mieux qu'eux comment les choses devraient être faites et qu'elle fait exprès pour voir le côté négatif des choses. Ce livre s'adresse à tous les hommes assurés que si elle voulait faire un effort, la vie à deux serait tellement plus simple.

Ce livre ne s'adresse pas aux hommes assurés d'avoir raison ou se présentant comme des victimes continuelles des machinations féminines (ou féministes). Il ne s'adresse pas non plus à ceux qui ont accumulé rancune sur rancune, qui rendent responsable leur partenaire de leurs frustrations passées, présentes et à venir et qui sont, par le fait même, incapables d'évoluer parce que trop rigides. Ce livre ne s'adresse pas aux hommes qui refusent de se remettre en question.

> **Le bien-être dans la relation ne vient pas du fait d'avoir raison.**
> Rose-Marie Charest

Les femmes ont évidemment une responsabilité dans la réussite ou non d'un projet conjugal. Pour le moment, je m'adresse aux hommes de bonne volonté qui veulent s'impliquer entièrement dans leur bonheur personnel et conjugal. En réalité, ce livre

---

[1] N'oubliez pas, Messieurs, que les sorcières possédaient des connaissances que refusaient d'admettre les inquisiteurs.

s'adresse aux hommes responsables et de bonne foi (soit la très grande majorité) qui désirent participer à la réussite de leur couple. Je ne veux surtout pas m'adresser aux hommes qui ont l'impression que leur bonheur passe par le regard de l'autre, qui croient que la femme réelle doit correspondre en tout point à la femme qu'ils trouvent sur certains sites Internet, celle qui ne peut exister que dans leurs têtes et qui, ne pouvant la trouver, proclament que toutes les femmes sont pareilles.

Après avoir vérifié si cela vaut la peine d'investir dans leur couple (chapitre un), j'ai la prétention d'enseigner aux hommes ce qu'est une femme saine (chapitre deux), comment elle fonctionne (chapitre trois), les concessions qu'ils doivent absolument faire pour obtenir le maximum d'une femme (chapitre quatre), les attentes féminines qu'ils doivent à tout prix respecter (chapitre cinq), les cinq besoins conjugaux fondamentaux des femmes (chapitre six) et comment séduire une femme et la garder pour la vie si tel est leur objectif (chapitre sept).

Tout au long de ces chapitres, je dévoilerai des stratégies qui ont fait leurs preuves pour aider les hommes à être plus heureux à long terme avec la femme de leur choix. La mise en pratique de ces conseils devrait permettre à l'homme aimant et de bonne foi d'obtenir toute la sexualité, le plaisir, la réceptivité, la paix, le soutien et la valorisation dont il a besoin pour s'engager à fond avec la femme de sa vie et ainsi être heureux.

À vaincre sans péril, l'homme triomphe sans gloire.

J'espère que ce livre renseignera beaucoup plus d'hommes – et de femmes qui oseront le lire – que je ne peux en rencontrer dans mon bureau de consultation et qu'il permettra d'augmenter le pourcentage de couples heureux à long terme.

1

Vous investir ou non dans votre couple

Si l'on tient compte des couples non mariés, plus de 50% des couples évolue actuellement selon quatre grandes étapes : séduction, fusion, compétition et séparation. Un autre 30% se résigne et s'endure. Seulement 15 à 20% fait en sorte que la 4e étape se transforme en partage du pouvoir. Dans *Qui sont ces couples heureux?*[2], j'ai présenté les caractéristiques de ces couples. Dans ce livre-ci, permettez-moi, Messieurs, de vous dire ce que vous devez savoir, faire et aussi cesser de faire pour trouver le bonheur avec votre femme.

J'entends d'ici votre réaction : «Ben, voyons donc, il est impossible d'être heureux à long terme avec une femme. Elles finissent toujours par compliquer les choses. C'est pourquoi je préfère ne pas (ne plus) m'engager». Les plus radicaux d'entre vous iront même jusqu'à dire : «Ne te marie surtout pas, tu risques de te faire arnaquer.» Et de citer des exemples de divorces ayant mal

---

[2] *Qui sont ces couples heureux? Surmonter les crises et les conflits du couple*, Québec, Option Santé, 2006.

tournés où l'homme se retrouve avec des droits de visites de ses enfants et une pension alimentaire à payer à vie[3]. Ces situations sont malheureusement véridiques, mais loin d'être le lot de tous les hommes qui osent s'engager.

Ces réactions sous-entendent que des hommes craignent, non sans raison, d'être la victime d'une machination féminine à laquelle ils devront se soumettre. J'écris «non sans raison» parce que j'ai de nombreux témoignages de clients et amis qui m'ont avoué qu'ils avaient perdu leur amoureuse depuis que celle-ci était devenue mère; que non seulement celle-ci s'était complètement désintéressée de la sexualité, mais qu'elle ne le considérait plus que comme un simple pourvoyeur. Comment alors se surprendre que tant d'hommes soient sur la défensive, confirmant ainsi la croyance populaire que l'homme a peur des femmes et de l'engagement?

Êtes-vous un homme au comportement défensif?

En général, l'homme est aimant et de bonne foi dans son désir de former un couple, tout en préservant sa liberté. Mais l'amour et la volonté ne semblent pas suffisants: la majorité des hommes venus me consulter me disent qu'ils aiment leur femme et qu'ils pensent avoir tout fait pour essayer de la satisfaire. Certes, d'après eux, ils ont tout fait; mais ont-ils cherché à faire ce qu'eux croyaient devoir faire ou se sont-ils vraiment mis à l'écoute de leur partenaire? Ont-ils acceptés d'être influencés par les besoins et attentes spécifiques de celle-ci ou ont-ils eu peur, ce faisant, d'être envahis et contrôlés?

---

[3] Vous trouverez de nombreux témoignages d'hommes aux prises avec des divorces difficiles sur les sites suivants: http://www.ancq.qc.ca et www.lapresrupture.qc.ca Pages consultées le 1er juin 2010.

Plus l'homme adopte un comportement défensif, plus sa partenaire devient critique, l'accusant de ne rien comprendre. Les deux amants, intimes et passionnés au début, deviennent alors, lentement et sûrement, deux ennemis intimes qui passent plus de temps à se disputer qu'à s'aimer. Les couples recomposés augmentent de 15 à 20 % leur probabilité d'un deuxième divorce. Quant aux couples résignés, ils se reconnaissent à la dynamique suivante : plus l'homme s'enferme dans le silence, croyant ainsi acheter la paix, plus sa partenaire le critique et plus elle le critique, plus il s'enferme dans le silence. Un cercle vicieux infernal !

Plus elle critique, plus il se défend.
Plus il se défend, plus elle critique.

L'un des principes à la base de ce livre est qu'en tant qu'individu adulte, chacun est l'artisan de son bonheur ou de son malheur. Chaque homme doit donc prendre la responsabilité de la réussite de son couple à 100 %, et non à 50 %. L'homme n'est évidemment pas responsable des comportements de sa partenaire, mais il est entièrement responsable de ses actions envers elle et de ses réactions à ses agissements. L'homme au comportement défensif voudrait que la femme apprenne son langage et qu'elle demeure la princesse charmante qu'elle a été lors de la période de séduction.

L'homme qui se veut heureux en amour apprend le langage de sa partenaire et la respecte dans sa façon d'être et de faire ; ce qui ne veut absolument pas dire qu'il se soumet à celle-ci. Au contraire, l'homme qui prend à 100 % la responsabilité de ses actions et de ses réactions ne peut qu'encourager sa partenaire à en faire autant.

On reconnaît l'homme au comportement défensif aux vingt caractéristiques suivantes[4] :

1. Il n'accepte aucune critique ou conseil de sa partenaire.

2. Il se pense plus intelligent que sa partenaire.

3. Il cherche à «raisonner» sa partenaire.

4. Il dit souvent : «Pourquoi reviens-tu encore là-dessus?».

5. Il pense que les choses iraient mieux si sa partenaire cessait de le contredire.

6. Il a tendance à argumenter sur tout.

7. Il lève facilement le ton, car la colère est le sentiment qui l'habite le plus souvent.

8. Il cherche à avoir le dernier mot.

9. Il a souvent l'impression que sa partenaire cherche à le contrôler.

10. Il voudrait qu'elle lui fiche la paix.

11. Il n'accepte pas de faire les choses autrement qu'à sa façon.

12. Il met en doute les capacités de sa partenaire.

13. Il culpabilise facilement sa partenaire et rejette sur elle la responsabilité des conflits.

---

[4] Ce portrait ne fait pas l'objet d'une catégorie nosologique bien précise, mais est plutôt le résultat de mes observations cliniques.

14. Il adopte un comportement rigide (y compris dans sa vie sexuelle).

15. Il change de sujet au milieu d'une conversation qui ne tourne pas à son avantage.

16. Il a l'impression d'avoir été piégé par sa partenaire et se demande pourquoi il l'a aimée.

17. Il pense au divorce et fantasme à ce que serait sa vie s'il vivait avec une femme plus compréhensive.

18. Il interprète facilement les intentions de sa partenaire.

19. Il nie des évidences, surtout si celles-ci le mettent en cause, et ne s'excuse jamais.

20. Il est de plus en plus sur ses gardes et peut même développer des idées paranoïdes.

Cet homme, toujours sur la défensive et prêt à la contre-attaque, ne peut pas être heureux. Et il en est de même pour sa partenaire.

Vous vous êtes probablement reconnu dans quelques points de ce portrait; c'est normal. Mais si vous vous êtes retrouvé dans plusieurs points, vous auriez avantage à mettre en pratique la prière de la sérénité si chère aux alcooliques anonymes:

«Seigneur, accordez-moi la sérénité d'accepter les choses que je ne peux changer *(comme ma partenaire)*. Le courage de changer les choses que je peux changer *(comme moi-même)*. Et la sagesse d'en faire la différence *(entre elle et moi)*.»[5]

En tenant compte de ce qui va suivre, les changements que vous apporterez dans votre façon de voir votre partenaire, d'agir envers elle et de réagir à ses propos et ses comportements auront un effet bénéfique sur elle et sur votre couple. Vous regagnerez (ou ne perdrez jamais) l'attention amoureuse légitime que vous recherchez. Selon le principe de la balle au mur, vos améliorations provoqueront des changements positifs dans votre dynamique conjugale et, immanquablement, chez votre partenaire.

Le principal reproche que j'ai entendu de la part des hommes et de mes clients envers leur femme est:

«Ma femme n'est jamais contente et passe son temps à me critiquer. J'ai beau essayer de tout faire pour la rendre heureuse, ce n'est jamais suffisant. Et en plus, elle cherche constamment à contrôler ce que je fais ou ce que je dis. Que ce soit à propos des enfants, de l'argent, du ménage, de nos relations avec nos amis ou du sexe, je ne suis jamais correct.»

En langage populaire québécois, elle «chiale» tout le temps. Mais, Messieurs, si elle se plaint sans cesse, se pourrait-il qu'elle ait raison? Si vous faites la sourde oreille et ne tenez pas compte de ses récriminations, ne vous surprenez pas si votre

[5] Doyle, Laura, *The surrendered wife*, États-Unis, Simon & Schuster, 2001, p. 51

partenaire vous annonce son intention de vous quitter. Ses critiques sont une façon, maladroite j'en conviens, de vous communiquer ses besoins. Ne réagissez plus à la critique ; cherchez à comprendre et à satisfaire le besoin sous-jacent et votre femme se transformera.

Saviez-vous que ce sont les femmes qui initient le divorce dans une proportion de 65 à 80 %[6] ? Beaucoup d'hommes quittés ne s'imaginaient pas que l'insatisfaction de leur femme pouvait être suffisamment élevée pour les pousser au divorce. Ils réagissent souvent en disant : «Mais, pourquoi tu ne m'en as pas parlé avant ? J'aurais pu changer des choses.» Ce à quoi elles répondent généralement : «Je t'en ai parlé... à tous les mois, mais cela ne semblait pas t'intéresser. Tu minimisais ou n'écoutais pas mes attentes. Maintenant, il est trop tard.»

L'homme qui prend l'entière responsabilité de son couple se retrouve avec une femme qui prend, elle aussi, l'entière responsabilité de son couple. Avec un tel investissement, les probabilités de faire partie des couples heureux à long terme sont excellentes. Encore faut-il, Messieurs, que vous désiriez et acceptiez d'être influencé par les propos que vous allez bientôt lire.

Renoncez aux relations toxiques

Inutile toutefois de continuer à vous investir si vous vous retrouvez dans une relation toxique. Tous les couples passent par des moments difficiles et aucun de ces moments ne peut justifier une rupture ; au contraire, ces moments critiques mettent votre amour à l'épreuve et le font grandir, si vous réussissez à les surmonter. Il faut toutefois mettre fin à toute relation qui vous isole,

---

[6] Selon http://www.divorcerate.org/divorce-rates-in-canada.html, 75 % des divorces sont initiés par les femmes au Canada. Page consultée le 1er juin 2010.

La solitude à deux est la pire des solitudes. qui vous fait perdre l'estime de vous-même et qui vous donne l'impression de passer à côté de votre vie. On devrait *s'élever* en amour, non se rabaisser. Vous devriez donc quitter au plus tôt la femme non aimante et de mauvaise foi.

Renoncez à sauver votre couple si :

1. Votre partenaire exerce de la violence physique, sans que vous fassiez quoi que ce soit pour la provoquer. Cherchez de l'aide auprès d'amis, de parents ou de services communautaires, y compris la police, car aucune violence n'est admissible.

2. Votre partenaire exerce de la violence envers vos enfants et à plus forte raison s'il y a abus sexuel. Sachez toutefois faire la différence entre une correction acceptable et la violence, même si vous n'êtes pas d'accord avec la façon de faire de votre partenaire.

3. Votre partenaire est alcoolique, toxicomane, joueuse compulsive ou cyberdépendante (clavardage ou sexuelle). Pour savoir si elle est vraiment dépendante, demandez-vous si cette dépendance interfère avec l'harmonie de votre couple. Si vous vous êtes souvent disputés à cause de ses « vices », cherchez de l'aide auprès d'organismes qui peuvent l'aider et si elle nie qu'elle a un problème de dépendance, quittez-la.

4. Votre partenaire est une infidèle chronique. Malgré de belles promesses de vous être fidèle à l'avenir, celles-ci n'ont tenu que le temps de vous amadouer. Ne quittez pas à la suite d'une seule infidélité, surtout si elle-même vous a avoué son infidélité et semble navrée[7].

5. Votre partenaire est une manipulatrice perverse[8] ou une «vampire émotive» qui vous dévalorise sans cesse et vous bouffe votre énergie, peu importe la forme que cette manipulation puisse prendre:
   • la jalousie: «Tu n'as pas le droit d'exister en dehors de moi»;
   • la faiblesse: «Je ne suis rien sans toi, tu dois donc rester avec moi»;
   • le pouvoir: «Tu agis comme je veux, sinon je te quitte»;
   • la servitude: «Je te suis tellement utile que tu ne pourras jamais me quitter»;
   • la culpabilité: «Tout est de ta faute si ça ne marche pas entre nous»;
   • la menace: «Si tu me quittes, tu vas le payer très cher» ou «Si tu me quittes, je me tue».

6. Vous n'avez aucune compatibilité avec votre partenaire. Pourquoi rester avec une femme avec laquelle vous ne partagez aucun intérêt commun ni aucune activité?

---

[7] Pour savoir comment gérer l'infidélité: Dallaire, Yvon, *L'infidélité*, Genève, Jouvence, 2007 ou Dalpé, Yves, *L'infidélité n'est pas banale*, Montréal, Quebecor, 2006.

[8] Pour en savoir davantage: Nazare Aga, *Les manipulateurs et l'amour*, Montréal, de l'Homme, 2000.

7. Votre relation de couple ressemble davantage à un champ de bataille dans lequel vous devez continuellement vous battre pour satisfaire vos besoins légitimes. Si vous ne ressentez aucun respect, aucune confiance ni soutien émotif, initiez la rupture, à moins de vouloir être malheureux pour le reste de votre vie.

8. Votre couple constitue un territoire dévasté où ne règnent que le vide, l'isolement, le manque, le silence, la distance, le dénigrement, le mensonge, les moqueries incessantes, la violence psychologique... malgré tous vos efforts sincères de rapprochement.

9. Votre partenaire n'est pas disponible... parce que mariée.

10. Votre femme vous refuse, sans raison, toute activité sexuelle depuis que vous avez eu un ou des enfants.

Écoutez la sagesse de votre voix intérieure qui vous dit qu'il n'y a rien à espérer de cette relation. Plus tôt vous quitterez votre relation toxique, plus rapidement vous augmenterez vos chances de trouver une autre femme aimante qui répondra positivement et chaleureusement à vos besoins et qui vous permettra de devenir un homme heureux en amour : vous y avez droit.

Par contre, si vous sentez que vous avez une certaine responsabilité dans les situations 6, 7, 8 et 10, donnez une dernière chance à votre couple en utilisant les conseils de ce livre pour une période d'environ six mois ou en proposant une thérapie conjugale. Si elle refuse ou que rien ne change, vous pourrez alors partir la conscience tranquille.

34

Si votre partenaire n'entre pas dans l'une ou l'autre des catégories précitées (surtout de 1 à 5 et 9), c'est que vous avez une «bonne fille» entre les mains et qu'il n'existe aucune raison valable pour laquelle vous ne pourriez obtenir tout l'amour, la tendresse, l'attention, la paix, la valorisation et le sexe que vous désirez. En fait, la seule explication est que les stratégies que vous utilisez sont... inefficaces. Il vous faut donc, au lieu de renoncer à vos attentes, développer des stratégies qui vous permettront d'atteindre vos objectifs réalistes.

> *Le malheur s'impose de lui-même, le bonheur exige des efforts.*
>
> Stefan Klein

Vous n'êtes évidemment pas le seul responsable de l'état de votre couple, mais pour être heureux à deux vous devez

1. savoir certaines choses au sujet des femmes,

2. changer plusieurs de vos habitudes masculines, même si elles fonctionnent bien entre hommes, et

3. faire les efforts nécessaires pour utiliser des stratégies qui ont fait leurs preuves dans le monde féminin.

Prendre la responsabilité de votre «côté du lit» facilitera la prise en charge de l'autre côté par votre partenaire.

2

La féminité saine
et malsaine

En tant qu'êtres humains, homme et femme ont la même valeur et sont presque semblables. Les différences tiennent à peu de choses : un chromosome, X ou Y, sur quarante-six, soit 2,17 %. Là où homme et femme sont semblables, point de conflits. C'est la petite différence sexuée qui se retrouve dans chaque cellule du corps des humains qui est la source de l'attirance réciproque, mais aussi la source de

Une petite différence peut avoir des effets colossaux.

Claire-Marie Clozel

nombreux malentendus. Ces caractéristiques sexuées peuvent être accentuées par l'éducation ou, au contraire, être nivelées. C'est du moins ce qu'un certain courant social tente de faire en prônant la venue de l'androgyne ou de la gynandre.

« Un gars, c't'un gars ; une fille, c't'une fille ». Encore faut-il faire la distinction entre les valeurs humaines universelles et les valeurs typiquement féminines ou masculines. La compassion, par exemple, est une valeur humaine, pas une valeur féminine. Tout comme foncer dans la vie n'est pas exclusivement une valeur masculine. Mais les deux n'expriment pas leur compassion ou leur intrusivité[9] de la même manière. La communication est une activité humaine, sauf qu'hommes et femmes ne communiquent pas de la même façon ni sur les mêmes sujets et n'ont pas à la base les mêmes facilités. Changer la couche d'un bébé, conduire un autobus, préparer les repas... sont des rôles sexuels qui peuvent indifféremment être remplis par des hommes ou des femmes, quoique là encore la quantité et la qualité d'énergie déployée par l'homme ou la femme pour accomplir ces tâches puissent quelque peu diverger.

Identité, rôles et fonctions sexuelles
Beaucoup d'incompréhensions disparaîtraient si les mots avaient la même signification pour tout le monde. Malheureusement, dans le domaine des relations homme – femme, les interprétations sont chargées de subjectivité et d'émotions. C'est ce qui rend si difficile l'harmonie conjugale et sociale. L'ignorance et le refus des différences sont à la source du sexisme et de la suspicion existant entre hommes et femmes. D'où la nécessité de faire certaines précisions linguistiques.

La première précision concerne le concept d'identité. L'identité se forge par la rencontre de deux forces – nature et culture – et ni l'une ni l'autre n'est prépondérante. Elles sont plutôt complémentaires et nécessaires au plein épanouissement de l'humain. Ne croyez pas ceux qui disent que tout est psychologique ou n'est que le résultat d'influences culturelles, car aucun scientifique digne de ce nom n'affirme aujourd'hui que «la nature – ou la culture – est le destin».

> *Nous n'avons aucune raison valable de vouloir changer notre nature.*
> Stefan Klein

---

[9] Néologisme créé à partir du mot anglais *intrusiveness*.

La nature est le moule à l'intérieur duquel la culture viendra façonner les identités. Le moule «oiseau» est très différent du moule «humain». Et pour les espèces bi-sexuées, la nature a prévu deux sous-moules : mâle et femelle. C'est ce qu'on appelle l'**identité sexuelle**, laquelle est inscrite dans le code génétique[10]. Comme chaque individu est fortement influencé par sa culture, chaque moulage final sera quelque peu différent des autres. Mais tous seront soit féminin, soit masculin. C'est ce qu'on appelle l'**identité de genre**. En ce sens et n'en déplaise à Simone de Beauvoir, on naît homme (mâle) ou femme (femelle), sauf quelques aberrations génétiques, et l'on devient masculin et/ou féminin. L'influence de la culture peut expliquer pourquoi certaines femmes se retrouvent dans la description de la masculinité et certains hommes dans celle de la féminité.

Avant d'entreprendre la description de la féminité, faites les deux petits tests de la page suivante. Ne cherchez pas la meilleure réponse : l'important est ce que vous pensez. Vous pouvez aussi demander à votre partenaire de faire ces deux petits tests.

---

[10] Nos conditions matérielles de vie ont fortement changé depuis l'époque des cavernes, mais le code génétique de l'homme n'a pas évolué depuis 59 000 ans, selon Peter Underhill, de l'Université de Standford, et Michael Hammer, de l'université d'Arizona. Qui plus est, le code génétique de la femme se serait stabilisé 84 000 ans avant celui de l'homme, soit depuis 143 000 ans, faisant de la femme le sexe le plus ancien et, paradoxalement, le plus stable. La nature se permet beaucoup plus d'expérimentation avec le mâle. Pour en savoir davantage : Johnson, Skene Olive, *The Sexual Spectrum, Exploring Human Diversity*, Vancouver, Raincoast Books, 2004, p. 34-36.

1. Écrivez spontanément les trois premiers mots qui vous viennent à l'esprit lorsque vous entendez ou lisez le mot *féminité*.

_____

_____

_____

2. Écrivez maintenant trois actions qui vous apparaissent exclusivement, typiquement ou prioritairement mâle ou femelle :

Actions mâles (homme)   Actions femelles (femme)

1. _____   1. _____

2. _____   2. _____

3. _____   3. _____

La deuxième précision a trait aux **rôles** sexuels et aux **fonctions** sexuelles. Les rôles possèdent les caractéristiques suivantes :

1. Les rôles sont concrets, tangibles, visibles, mesurables et susceptibles d'être partagés entre les hommes et les femmes. Ce sont des activités observables : conduire une automobile ou faire l'amour, par exemple.

2. Ils sont conscients et volontaires. L'homme peut se sentir libre ou forcé de laver la vaisselle, mais il est conscient qu'il fait le choix d'accepter ou non.

3. Il existe une quantité innombrable de rôles : tâches ménagères, soins aux enfants, rôles sociaux, économiques, politiques...

4. Ces rôles ne sont pas spécifiques. L'homme ou la femme, indifféremment, peut sortir les poubelles, donner le biberon, travailler à l'extérieur, diriger un pays. Au plan psychologique, les rôles ne sont ni féminins ni masculins. Il n'existe pas non plus des rôles meilleurs que les autres, bien que l'on puisse avoir nos préférences.

5. Finalement, les rôles changent au gré des modes, des cultures, d'une époque à l'autre, selon les valeurs sociales dominantes. On ne voyait pas de femmes conduire des camions, il n'y a pas si longtemps, et très peu d'hommes donner le biberon en public. On voyait très peu de femmes s'intéresser à la politique. Les modèles ont fort changé et continueront de le faire.

La personne, fortement influencée par son environnement social, ne décide pas toujours de ses rôles, sa société les lui imposant. Les fonctions sexuelles, quant à elles, possèdent des caractéristiques difficilement modifiables par la volonté sociale ou individuelle.

1. La fonction est inconsciente. La fonction maternelle ou paternelle n'est pas une décision librement consentie ; elle fait partie de la nature de l'être humain, femme ou homme.

2. Elle est psychologique, donc non mesurable. On ne peut mesurer le fait d'être homme ; on n'est pas plus ou moins homme parce que l'on a plus ou moins de comportements d'homme ou qu'on exerce plus ou moins de rôles masculins. La fonction est intangible.

3. Elle est unique. Il y a une seule façon d'être mâle, même si on peut exprimer sa masculinité de différentes façons.

4. La fonction est spécifique dans la mesure où elle est non interchangeable entre l'homme et la femme. Le père ne peut se substituer à la mère sans dommage pour l'enfant.

5. Finalement, la fonction est absolue. Elle ne peut être modifiée par la culture ou la société ; elle est indépendante de notre volonté et se manifeste de la même manière à Québec, Genève, Bruxelles ou Paris.

Pour illustrer la distinction à faire entre rôle et fonction, imaginez l'acteur qui, en tant que personne stable (fonction), arrive à jouer plusieurs personnages (rôles). L'erreur serait de confondre le personnage et l'acteur, même si certains personnages semblent lui «coller davantage à la peau». Ce n'est pas parce que la femme enfante les bébés (fonction) que c'est elle qui est nécessairement la mieux placée pour lui administrer tous les soins (rôles).

Les différences homme – femme, dont il sera question, relèvent davantage de la fonction que du rôle, même si certaines fonctions peuvent à la longue (je fais ici référence à des millénaires) être suffisamment influencées par la pratique culturelle pour se modifier et disparaître ou apparaître. Il y a eu et il y aura encore des mutations génétiques.

Portrait de la féminité
Je prends un pari : l'un des trois mots que vous avez associés à la féminité fait référence soit à la sexualité, soit à la maternité. Peu importe les synonymes que vous avez utilisés, le mot choisi illustre la première chose qu'un homme recherche, consciemment ou non, et s'attend à trouver chez une femme : la fertilité. Ce petit test, que je fais systématiquement dans mes ateliers sur les couples heureux, est très significatif. Tous ou presque tous les hommes ont fait référence à la sexualité ou à la maternité d'une

manière ou d'une autre. Plusieurs de ceux qui n'avaient pas associé les mots *sexualité* ou *maternité* à *féminité* ont souvent confirmé qu'ils y avaient pensé, mais n'avaient pas osé l'écrire de peur de passer pour un macho. Quant aux actions spécifiquement femelles, qui d'entre vous n'a pas fait référence à l'enfantement et/ou l'allaitement dans les trois choix possibles ?

Cette recherche de fertilité explique pourquoi l'homme est davantage attiré par des femmes plus jeunes et par certaines caractéristiques physiques. De nombreuses études anthropologiques et des expériences faites auprès d'étudiants en psychologie ont démontré que le corps de femme le plus attirant pour l'homme est celui dont la taille fait les 2/3 du bassin, d'où les fameuses proportions 90-60-90 cm (36-24-36 po.). Ces proportions seraient une garantie d'une meilleure capacité reproductrice de la femme. Observez les portraits de femmes faits par les peintres du Moyen-Âge et de la Renaissance et vous en aurez une belle illustration.

Il y a certes des hommes attirés par des femmes qui ne correspondent pas à cette image physique et qui rechercheront plutôt certaines caractéristiques psychologiques. Mais, si l'on se fie aux magazines féminins, dont la très grande majorité des rédacteurs en chef sont des femmes, vous constaterez que ces rédactrices sont très conscientes de cette recherche masculine de fertilité associée à la jeunesse. Tous les magazines féminins présentent l'image de la femme jeune et sexy. On dit que l'amour n'a pas d'âge, mais les hommes en relation amoureuse avec des femmes plus âgées sont l'exception plutôt que la règle. Le «démon du midi[11]» constitue un autre exemple. Tout comme le fait que les hommes divorcés vont davantage reformer des couples avec des partenaires plus jeunes.

Quoique importante pour les hommes, la fertilité n'est évidemment pas la seule caractéristique féminine recherchée ; de nombreuses autres associations sont faites par les participants à mes ateliers, entre autres autour de la douceur. Le tableau suivant présente ce que j'estime être les douze (12) principales caractéristiques de la féminité. Ces caractéristiques sont présentées sous trois angles : la féminité saine, la féminité malsaine en moins et la féminité malsaine en plus. Vous remarquerez que chaque qualité féminine possède son revers, soit parce qu'elle est absente ou peu présente (-), soit parce qu'elle est trop présente (+). Pour être heureux, mieux vaut se retrouver avec la femme décrite au centre de ce tableau plutôt qu'à l'une ou l'autre extrémité. Mais, aucune femme n'est parfaite… aucun homme non plus. D'où la réalité conjugale qui fait du couple un creuset pour de nombreuses confrontations.

Selon le principe qui dit que « ceux qui se ressemblent s'assemblent », ces confrontations seront d'autant plus intenses que les couples se trouveront formés d'une femme à la féminité malsaine (en + ou -) et d'un homme à la masculinité malsaine (en + ou -). Rares sont les couples formés d'un homme à la masculinité saine et d'une femme à la féminité malsaine, ou vice-versa.

---

[11] L'expression *démon du midi* fait référence à la «tentation de nature affective et sexuelle qui s'empare des humains vers le milieu de leur vie» (Petit Robert, 2008). Ce démon du midi est davantage le fait des hommes.

Féminité malsaine (-)	Féminité saine	Féminité malsaine (+)
« Bonnasse »	Bonne	Méchante
Se laisse exploitée	Généreuse	Exploiteuse
Altruisme malsain	Altruisme sain	Égoïsme malsain
Se sent coupable	Lâche prise	Culpabilise les autres
Suiveuse	Collabore	Cupide
Se sous-estime	Estime les autres	Sous-estime les autres
Tolérante à l'extrême	Patiente	Impatiente
Isolée	Présente	Narcissique
Dépressive	Enthousiaste	Hystérique
Dépendante	Indépendante	Contredépendante
Peur et tristesse	Compassion	Mépris
Frigide	Réceptive	Amazone

Tableau 1. Les caractéristiques de la féminité.

Les psychologues disent que « notre partenaire est notre miroir ». Cela signifie que si vous êtes l'homme sain décrit dans *Qui sont ces femmes heureuses ?*, vous augmenterez les probabilités de vous retrouver avec une femme saine. Si vous estimez que votre femme possède plutôt une féminité malsaine (en + ou en -), il y a de fortes chances que vous manifestiez vous aussi une masculinité malsaine[12]. Remettez-vous alors en question plutôt que d'essayer de changer votre femme ou, pire, de changer de femme. Car si *vous* ne changez pas en améliorant votre propre masculinité, vous choisirez à nouveau le même type de femme. Connaître à fond la psychologie féminine et son fonctionnement constitue une excellente stratégie pour assainir votre propre masculinité et aider votre partenaire à assainir la sienne. La vie de couple vous en donnera de multiples occasions.

---

[12] Les femmes qui ne rencontrent que des hommes qui ont peur de s'engager réalisent lors d'une psychothérapie qu'elles-mêmes sont aux prises avec cette peur et qu'elles ne sont attirées que par des hommes qui ne représentent aucun danger d'engagement pour elles.

La féminité saine

La femme saine est foncièrement **bonne**. Cette bonté se manifeste au plan physique, émotif et psychologique. La «bonne femme»[13] utilise son énergie et son intelligence pour faire le bien autour d'elle, pour s'assurer que tous les gens qu'elle aime soient heureux. Cette bonté se manifeste particulièrement envers ses enfants, mais aussi envers son partenaire, les membres de sa famille et ses amis. C'est cette qualité morale qui la pousse à être si bienveillante et clémente. Elle est toujours prête à donner le meilleur d'elle-même lorsque la situation l'exige. La femme saine cherche à faire ce qui est juste et bon. C'est pourquoi elle cherche à entretenir avec son entourage des relations agréables.

Cette bonté est doublée d'une **générosité** débordante. La femme saine «sent» intuitivement ce qui est bon pour les autres et agit de telle sorte qu'elle aide les autres à obtenir le maximum de ce qu'ils attendent de la vie. C'est cette générosité qui la pousse à se montrer bienveillante, charitable et à pardonner facilement lorsqu'on le lui demande. Cette qualité élève la femme au-dessus d'elle-même et la dispose à se sacrifier pour les autres, à mettre de côté son intérêt personnel pour faire valoir celui des autres. Elle le fait même si rien ne l'oblige. On peut dire d'elle qu'elle a une grandeur d'âme.

> *Le pardon est la voie de l'amour.*
> Gary Chapman

On le voit bien, la femme saine est naturellement **altruiste**. Tout son corps la porte à se préoccuper davantage des autres que d'elle-même. Son utérus nourrit l'embryon et mène le fœtus à

---

[13] Dans le langage populaire misogyne, l'expression *bonne femme* est malheureusement utilisée de façon péjorative dans le sens de gourde, d'inculte ou de quasi-sorcière au lieu de l'être dans son véritable sens étymologique de «femme avisée», et «qui agit avec à-propos et intelligence après avoir mûrement réfléchi». (Le Petit Robert, 2008) Une «bonne femme» est donc une femme bonne.

terme dans des conditions parfois très difficiles. Ses seins sont faits pour nourrir son bébé à partir de ses propres ressources et sont une source de plaisirs pour les hommes. En ce sens, la femme est semblable à toutes les femelles animales qui nourrissent la vie en s'enlevant la nourriture de la bouche pour la donner à leurs petits. La femme saine est une aidante naturelle. Dans nos familles, c'est la femme qui, la plupart du temps, assiste les autres membres de la famille lorsqu'ils en ont besoin, surtout les parents vieillissants. Tout son corps et tout son cœur nourrissent la vie.

Cet altruisme est sain, car en prenant soin des autres, c'est d'elle-même dont elle prend soin : elle démontre un altruisme *égoïste* car elle s'acquitte ainsi de sa mission biologique. La femme n'est jamais aussi belle, resplendissante, rayonnante et « remplie » que lorsqu'elle vit une maternité consentie et qu'elle se sent entourée d'un partenaire aidant et d'un entourage chaleureux, prêts à la seconder. La femme saine est fière de contribuer ainsi, non seulement à la survie de l'espèce humaine, mais aussi à l'amélioration de la vie autour d'elle.

Non seulement se dépense-t-elle sans compter au service de la vie, mais elle n'attend rien en retour car la femme saine **lâche prise**, sachant que la vie qu'elle met au monde va s'épanouir en se séparant d'elle. Elle est évidemment sensible à toute marque de reconnaissance de la part de ses proches, mais elle les veut autonomes et elle accepte qu'ils se réalisent en s'éloignant d'elle. Retenir son fœtus le ferait mourir, et elle aussi. Trop couver ses enfants les empêcheraient de devenir eux-mêmes. Contrôler son partenaire l'éloignerait d'elle. Non seulement lâche-t-elle prise, mais en plus elle **collabore** à l'acquisition de cette autonomie de toutes les manières possibles.

La femme saine laisse les autres être et devenir eux-mêmes parce qu'elle les estime. Elle aime les autres pour ce qu'ils sont et cherche à les aimer de manière égale. Elle **estime les autres** et leur démontre son amour en prenant soin d'eux. Aviez-vous remarqué la minime différence entre le mot «sein» et le mot «soin»: un *e* transformé en *o*? Je n'irais pas jusqu'à dire que cela ne lui demande jamais d'effort de s'occuper des autres, parfois au détriment de son propre bien-être, mais il semble évident que cette tendance de la femme saine soit innée et spontanée.

Qui d'entre-nous n'a jamais remarqué la **patience** manifestée par une femme à la féminité saine, que ce soit pour un bébé qui pleure, un enfant turbulent, un partenaire résistant, un parent exigeant ou une amie capricieuse? Cette patience semble à toute épreuve, même si elle possède des limites. Cette patience est possible grâce à sa **présence** à l'autre, ce qu'on appelle en psychologie avoir de l'empathie, soit la capacité de s'identifier à quelqu'un et de ressentir ce que l'autre ressent sans se laisser envahir par les sentiments et émotions exprimés. La femme saine est capable d'être patiente et présente à l'autre parce qu'elle reste centrée sur elle-même et fait pour les autres ce dont ils ont besoin: c'est ce qu'elle voudrait que les autres fassent pour elle.

C'est pourquoi la femme saine est si compatissante. La **compassion** est la capacité de partager les maux d'autrui sans les prendre en pitié. Étymologiquement, compassion signifie «souffrir avec». La femme compatissante cherche alors à remédier à la souffrance de l'autre. Cette sensibilité semble partagée par l'ensemble des femmes à la féminité saine, quoique à divers degrés.

Offrez un cadeau ou faites une surprise à une femme saine et vous verrez ce que j'entends par **enthousiasme**. Observez aussi avec quel enthousiasme, la femme heureuse préparera l'anniversaire

d'une personne qui lui tient à cœur ou organisera la
L'enthousiasme est une émotion intense qui pouss
saine à l'action dans la joie. La signification étymc
ce mot d'origine grecque est : « transport divin ». i
enthousiaste se sent forte et devient très créative. Voii ies gens
autour d'elle heureux la transporte d'allégresse, surtout si elle
en est la source.

La femme saine ne se préoccupe pas des autres par obligation :
elle le fait parce qu'elle décide de le faire malgré parfois les
désaccords de son entourage. Elle se sent libre de le faire ou non.
Son **indépendance** lui permet de s'occuper elle-même de ses
besoins matériels, émotifs et sociaux. Elle adore évidemment
que l'on s'occupe d'elle, mais elle tient à ce
que cela soit spontané, comme elle est spontanée dans sa présence aux autres. Elle ne
veut soumettre personne, tout comme elle
ne veut pas se soumettre à qui que ce soit.
Elle ne veut pas qu'on fasse quelque chose
pour lui faire plaisir ou par devoir ; elle veut que l'on ait plaisir
à lui faire plaisir, comme elle-même a plaisir à prendre soin des
autres : cet altruisme égoïste, je le répète, est un égoïsme sain
qui, paradoxalement, manifeste son indépendance.

Une femme qui se battait pour trouver l'harmonie et rendre les autres heureux.
Murielle Lona

Finalement, la femme saine est **réceptive**, psychologiquement,
émotionnellement et sexuellement. Elle reçoit les pleurs de son
enfant, les tracas de son partenaire, les préoccupations de ses
parents et amis. Elle est à leur écoute et sait les faire parler et les
soulager. Elle sait se montrer chaleureuse et enveloppante. Et
c'est de façon tout aussi chaleureuse, sensuelle, enveloppante
qu'elle reçoit le désir sexuel de son partenaire. Elle prend plaisir
à faire plaisir et l'un de ses plus grands plaisirs sexuels est de

...ir l'intensité du désir sexuel de son partenaire. Pour elle, au-delà du plaisir physique, la sexualité représente la relation spirituelle de deux êtres qui s'aiment, qui prennent soin l'un de l'autre et qui collaborent à améliorer la vie, la leur et celle des personnes qu'ils aiment.

La femme ne peut qu'aimer l'homme qui reconnaît sa bonne foi et qui est sensible à sa générosité. La femme qui se sent reçue dans son besoin de relation et de communication à l'autre lâche plus facilement prise et collabore avec présence, patience et enthousiasme avec l'homme qui respecte sa féminité. Comment ne pas aimer un homme qui aime sa femme telle qu'elle est et qui, non seulement la laisse libre, mais comprend sa sollicitude pour les autres ? La femme qui peut *partager ses plaisirs altruistes* avec un homme l'aimera, le désirera et s'abandonnera totalement. Cette femme saine ne peut être que créatrice de bien-être et de paix parce que, ainsi aimée et appréciée, elle est heureuse.

Vous pourriez avoir l'impression, Messieurs, à la lecture de ce portrait de la femme saine que je viens tout simplement de décrire une (votre)... mère. Et vous

Appréciez votre femme, elle vous le rendra au centuple.

n'auriez pas tout à fait tort, car tout le corps et le cerveau de la femme font d'elle un être de relation et de communication, un être doué de formidables aptitudes. D'après la psychiatre Louann Brizendine, la femme possède «une remarquable agilité verbale, la capacité de s'impliquer à fond dans l'amitié (et l'amour), un don pratiquement médiumnique pour déchiffrer les émotions et les états d'âme d'après l'expression du visage et le son de la voix, la capacité de désamorcer les conflits.»[14]

Ces différentes aptitudes facilitent chez la femme sa capacité maternante et nourricière, même si parfois vous trouvez agaçant le fait qu'elle veuille prendre soin de vous comme si vous étiez son petit garçon. Mais l'homme qui n'accepte pas le côté «mamante[15]» de sa partenaire ne pourra jamais être heureux.

Même la femme qui n'enfante jamais manifestera les douze caractéristiques décrites ci-dessus, si elle possède évidemment une féminité saine. Elle le fera en se préoccupant davantage du bien-être de ses employés ou de ses collègues que du résultat du travail accompli, en faisant du bénévolat, en s'attendrissant sur tous les bébés qu'elle rencontre, en adoptant un chien ou un chat, etc.

Regardons maintenant l'envers de la médaille, car aucune femme ne correspond en tout point et en tout temps au portrait que je viens de dessiner de la féminité. Aucune femme n'est parfaite, comme aucun homme ne l'est. Seule la femme qui existe dans la tête d'un homme est toujours collaboratrice, valorisante, séduisante et réceptive sexuellement. Mais, contrairement à nombre de préjugés sociaux, la très grande majorité des femmes cherchent à correspondre à cet idéal si son éducation et son environnement (dont fait partie son partenaire) sont favorables.

---

[14] Brizendine, Dr Louann. *Les secrets du cerveau féminin*. Paris, Bernard Grasset, p. 21.

[15] Néologisme consistant en la contraction de maman et amante.

La femme à la féminité malsaine peut parfois se sous-estimer et devenir soumise, parfois se sentir supérieure à l'homme et vouloir tout contrôler. Dans les deux cas, les résultats sont désastreux.

La féminité malsaine (-)

Certaines femmes sont tellement peu sûres d'elles-mêmes qu'elles exagèreront les caractéristiques de la femme saine afin de se sentir acceptée et aimée. Ces femmes souffrent de ce que j'appelle un altruisme malsain, c'est-à-dire qu'elles vont tout faire pour les autres et faire passer leurs propres besoins en dernier. Elles surestiment les autres et se sous-estiment tellement qu'elles se mettent dans des situations où elles se laisseront exploitées par leur entourage familial, professionnel et social. Ce sont des «bonasses», des femmes qui ont si peur de s'affirmer qu'elles manifestent une bonté excessive. Elles ont une peur viscérale des conflits, ce qui les pousse à dire oui à tout ce qu'on leur demande.

C'est la «bonne petite fille» à qui sa mère – et son père aussi – lui a appris qu'il ne fallait pas déranger les autres, qu'il fallait qu'elle fasse ce qu'on lui disait de faire, qu'il ne fallait surtout pas contredire ou faire pleurer sa mère… Cette femme à la féminité malsaine se sent si coupable d'être ce qu'elle est qu'au lieu de se révolter, elle se soumet complètement à sa mission biologique de service aux autres. Au lieu de s'épanouir et de s'enrichir au contact et au service des autres, sa féminité finit par l'étouffer. Elle devient hyper tolérante, n'ose jamais s'affirmer ou exprimer ses émotions, communique généralement très mal ses besoins (lorsqu'elle ose le faire) et se retrouve, plus souvent qu'autrement, isolée.

En fait, l'existence de la femme malsaine (-) dépend totalement de la présence des autres. La femme saine est un être de communication et de relation et a besoin de la présence des autres pour satisfaire ses besoins, mais elle profite de ces contacts et sait s'entourer de personnes qui prendront aussi soin d'elle. Elle prendra du temps pour s'occuper d'elle, pour se faire belle, pour elle et pour les autres. Elle n'a pas peur de la solitude parce qu'elle est indépendante. Tout le contraire de la femme malsaine (-) qui vit la solitude comme un isolement, sinon comme un rejet, car elle n'est pas en contact avec ses propres besoins personnels. Elle n'a pas de rêve personnel. Elle ne sait que faire pour s'occuper d'elle. Elle fait tout pour être en contact, non pas en s'affirmant, mais en se soumettant aux autres. Elle n'a pas d'identité propre. Elle passe donc souvent inaperçue ou, dans les pires situations, pour une «simplette», tant dans sa famille qu'au travail (si elle travaille).

Sexuellement, cette femme malsaine peut difficilement prendre son plaisir tellement elle est tendue et obsédée par la peur de déplaire. Elle peut difficilement apprécier son corps et tous les plaisirs que celui-ci pourrait lui procurer. Elle ne prend aucune initiative et arrive rarement à s'abandonner totalement. Elle est frigide et souvent sexophobe, tant dans sa sensualité que dans sa génitalité. Cette femme malsaine n'est ni chaleureuse, ni enthousiaste : elle n'a pas accès au plaisir, car elle ne le mérite pas. Elle a mauvaise conscience ; elle doit donc s'auto-punir.

Elle vit continuellement dans la peur : la peur de ne pas être correcte, la peur de déplaire, la peur de ne pas être à la hauteur des attentes des autres, la peur d'avoir mal fait, la peur de ne pas être là au moment où les autres pourraient avoir besoin d'elle, la peur qu'on la rejette si elle ose demander quoi que ce soit…

D'où les nombreuses phobies[16] féminines. Pas surprenant que la femme malsaine (-) soit portée à déprimer lorsque ses enfants, pour lesquels elle a souvent sacrifié sa vie, partent de la maison. Si son mari la quitte, elle peut prendre des années à s'en remettre tellement elle était dépendante de lui et ne vivait que pour lui et sa famille. Elle peut aussi, à l'occasion d'un divorce, se révolter et devenir une femme malsaine (+) faisant payer aux autres tous les sacrifices qu'elle s'est elle-même infligée.

La phobophobie : *la peur d'avoir peur.*

La féminité malsaine (+)

À l'inverse de la femme soumise, l'amazone exige que les autres soient à son service. Loin d'être dépendante, elle est contredépendante et refuse de se mettre au service des autres car elle les sous-estime. En fait, les autres n'ont de valeur que pour ce qu'ils peuvent lui apporter. C'est une séductrice hors pair qui sait très bien exploiter ses charmes et ses talents pour attirer les hommes. Elle est comme l'araignée qui tisse sa toile pour mieux attraper ses proies. Contrairement à la femme soumise qui se dévalorise et dévalorise son corps, l'amazone est en admiration devant ce corps et lui porte une attention narcissique. Elle dépensera des fortunes pour le mettre en valeur. Elle reste l'adolescente qui, vers 14-15 ans, découvre le pouvoir de séduction de son corps sur les hommes. Toutefois, à la différence de la femme saine qui utilisera son pouvoir de séduction pour former un couple et réaliser ses projets et ceux de son partenaire, la femme malsaine (+) utilisera cette séduction pour asseoir son pouvoir sur les hommes.

---

[16] Les phobies représentent la pathologie psychiatrique la plus fréquente chez la femme. Elles se caractérisent par une peur irrationnelle sans substratum organique, pouvant évoluer vers une attaque de panique si l'évitement de l'objet phobogène n'est pas possible. Elle entraîne souvent une forte détérioration de la qualité de vie. http://fr.wikipedia.org/wiki/Phobie, page consultée le 21 janvier 2010.

Elle se porte un véritable culte, parlant sans cesse d'elle-même, faisant des analyses détaillées de sa personnalité, racontant tous les détails de sa vie et s'intéressant très peu au vécu de l'autre. Elle cherche à être le centre de l'attention et réussit très bien, car elle est une charmeuse charmante... du moins au début. Elle crée des attroupements autour d'elle, des attroupements... d'hommes, les autres femmes n'étant pas dupes de son jeu. Elle fait de la représentation. Évidemment, elle n'attirera que des hommes à la masculinité aussi malsaine que sa féminité, confirmant ainsi le phénomène du « couple miroir » des psychologues.

Miroir, ô miroir : dis-moi que je suis la plus belle.

Dans son couple, si elle n'est pas heureuse, c'est évidemment la faute de l'autre. L'autre qui ne la comprend pas, qui ne l'aime pas comme elle le voudrait, qui ne devine pas ses besoins. Elle a donc raison d'être exigeante et impatiente. Elle ne peut imaginer que ses attentes puissent être illusoires, infantiles ou narcissiques. Non, pour être heureuse, son homme doit satisfaire tous ses caprices, sinon c'est la crise d'hystérie[17], soit une véritable tempête émotionnelle se manifestant par des exaspérations, des cris, des pleurs, des dramatisations. La femme malsaine (+) est intolérante aux frustrations et démontre une hyperactivité émotionnelle.

Si, par malheur, son partenaire décide de la quitter, ou si elle-même décide de le quitter, elle lui fera payer très cher, émotionnellement et financièrement, le fait qu'il n'ait pas été à la hauteur de ses espérances. Le prince qu'elle croyait avoir

---

[17] En fait, la femme malsaine (+) n'est pas hystérique au sens propre du terme, mais démontre un ou plusieurs symptômes du *trouble de la personnalité histrionique*. Selon le DSM-IV, ce syndrome se manifeste par une réponse émotionnelle excessive. « L'histrionique utilise le charme comme moyen d'échange, de communication, voire d'interaction. La personne agira ainsi aussi bien envers les hommes que les femmes de tout âge. C'est sa façon, automatique et naturelle, de vivre avec l'entourage. »

rencontré n'est pas devenu le roi qu'elle espérait, faisant ainsi d'elle une reine, il devra donc en subir les conséquences. Elle n'hésitera pas à faire appel à des avocats, non pas pour faire respecter ses droits légitimes, mais pour satisfaire sa cupidité, son désir de vengeance et démontrer tout son mépris, mépris qu'elle généralisera à tous les hommes (ce qui lui donne ainsi le droit de tous les exploiter). Surtout si son partenaire l'a quittée pour une autre femme. Elle exige la garde exclusive de ses enfants et fait de l'aliénation parentale[18].

La femme malsaine (+) se sert de sa sexualité pour asservir l'homme, non pour lui donner du plaisir ou partager du plaisir avec lui. C'est elle qui racole, qui initie, qui est souvent hyperactive, qui crie au moment de l'orgasme, mais qui n'a pas de réel plaisir car elle ne sait pas s'abandonner et faire confiance. C'est aussi celle qui fait miroiter de multiples plaisirs à ses partenaires, mais qui va d'un partenaire à l'autre. Elle ne se « rend » jamais, non pas dans le sens de se soumettre, mais dans le sens d'un lâcher prise permettant une réelle rencontre amoureuse.

Le choix de l'homme heureux
La femme normale ne correspond jamais à 100 % à l'une ou l'autre des trois caricatures que je viens d'esquisser. Elle oscille plutôt entre la soumise et l'égocentrique, celle toujours au service des autres et celle qui voudrait asservir et contrôler les autres pour assurer sa sécurité. Mais, en général, la femme saine sait s'occuper des autres tout en s'occupant d'elle-même afin de remplir, du mieux possible, sa fonction biologique de créatrice et de protectrice de la vie. Elle trouve sa sécurité à l'intérieur d'elle-même, lorsqu'elle se sent en harmonie avec sa nature

---

[18] Voir http://fr.wikipedia.org/wiki/Syndrome_d%27ali%C3%A9nation_parentale, page consultée le 04 septembre 2010.

féminine, et recherche un compagnon en paix avec lui-même pour réaliser les quatre dimensions de sa vie: parentale, partenariale, professionnelle et privée.

L'homme qui veut être heureux doit fuir au plus tôt la femme «soumise» et dépendante qui, ne pouvant vivre sans lui, le rendra finalement responsable de son malheur et risque de se transformer en véritable bourreau. Il peut être agréable de rencontrer une femme qui se préoccupe de vous, qui valorise tout ce que vous faites, toujours d'accord avec vous, toujours prête à vous suivre dans tous vos projets, qui vous regarde avec admiration tout en restant sur la réserve…, mais il y a souvent anguille sous roche comme l'a constaté Robert, l'un de mes clients de 36 ans, venu consulter en couple après huit ans de vie commune:

«Elle était tellement réservée, observatrice, censée; elle ne parlait pas pour ne rien dire; jamais, elle n'a eu un geste ou une parole déplacée. Une femme sérieuse qui n'essayait pas de jouer à la vedette. Au début, elle était réticente, résistante, mais sa réserve a stimulé mon désir de la conquérir. J'étais fatigué des conquêtes faciles. Tout s'est fait graduellement: nous n'avons fait l'amour qu'après quatre mois de fréquentation. Je fus son premier amant.

Aujourd'hui, je découvre que tout ça n'était que de la timidité et de la frigidité; c'est une femme constipée, incapable de dire tout haut ce qu'elle pense tout bas, toujours dans son coin, à faire pitié. Aujourd'hui, tout ce qu'elle fait, c'est de s'occuper des enfants. J'ai l'impression de ne plus exister. Et quand, j'ai le goût de faire l'amour, je vous dis qu'il faut que je m'y prenne de bonne heure. Elle est toujours fatiguée.»

Nombre d'hommes se sont résignés à vivre, malheureux, avec une femme qui, devenue mère, a cessé d'être une amante. Beaucoup de ces hommes se sont enfermés dans le silence ou ont cherché des compensations au travail, quand ce ne fut pas dans l'alcool ou les aventures extraconjugales. Beaucoup n'ont eu de sexualité que la masturbation.

Ne sera pas plus heureux l'homme qui choisit une femme à l'autre extrême. Écoutez le témoignage de Jean-Louis, un homme de 40 ans tombé amoureux d'une jeune femme de 27 ans et qui croyait réellement avoir enfin trouvé la femme de ses rêves. Là aussi, le retour sur terre fut pénible.

«Elle était tellement enjouée, excitante, vivante et pleine d'humour; elle devenait facilement le clou de la soirée et tout le monde l'admirait; je n'ai pas pu faire autrement que d'être envoûté. Et elle s'est intéressée à moi; je n'en revenais tout simplement pas. Nous avons fait la fête, nous avions beaucoup d'amis et d'invitations. Un vrai feu roulant; nous faisions l'amour dans des endroits insolites; c'était très excitant.»

Mais…

«Aujourd'hui, je suis tanné de la voir faire tous ces *sparages*[19] pour continuer d'attirer l'attention de tous et chacun. Je suis devenu jaloux de l'admiration et du désir que je vois dans les yeux des autres hommes. Et pourtant, c'est comme ça qu'elle m'a eu.

---

[19] Québécisme utilisé pour la première fois par Albéric Bourgeoys en 1937. «Faire des sparages» signifie gesticuler, fanfaronner, de manière à se faire remarquer. http://www.larousse.fr/encyclopedie/nom-commun-nom/sparage/184771. Page consulté le 21 janvier 2010.

Aujourd'hui, je suis fatigué de toutes ces réceptions, de tout ce babillage. J'aimerais ça l'emmener sur une île déserte, mais elle dépérirait. Quant au sexe, j'ai l'impression qu'elle fait son devoir conjugal. »

Beaucoup d'hommes qui se sont retrouvés avec des femmes soumises ou des vamps ont cru que leur princesse resterait toujours princesse : valorisante et pleine d'admiration pour eux. Il n'y pas de doute qu'une femme méfiante ou hystériforme puisse s'améliorer avec le temps, avec ses expériences et au contact de son partenaire, mais l'homme qui veut être heureux doit cesser de se prendre pour un sauveur car la majorité des sauveurs finissent tous de la même façon : crucifié. Contrairement à la croyance masculine, la femme n'est pas un être plus compliqué que lui, mais l'homme qui veut être heureux avec la femme de son choix doit comprendre et accepter que la femme, y compris la femme à la féminité saine, est «changeante». Tant mieux si elle change en parallèle avec son partenaire et dans le sens voulu par celui-ci, mais une telle garantie n'existe pas.

Une relation de couple sans jugement est une relation sans problème.
Arlo Wally Minto

• • • • •

Maintenant que vous possédez un portrait des trois types de femmes – saine, soumise ou amazone – que vous rencontrerez dans la réalité, regardons comment fonctionne au jour le jour la femme saine avec qui vous pourriez être heureux de vivre si vous l'acceptez telle qu'elle est, avec ses couleurs, ses spécificités et ses nuances, et non telle que vous aimeriez qu'elle soit.

3

Le fonctionnement de la femme

Les différences génétique, gonadique, hormonale, anatomique et cérébrale, quoique minimes, ne peuvent pas ne pas avoir de répercussions au plan psychologique et comportemental. Pour être heureux avec une femme, Messieurs, vous devez reconnaître l'influence de la biologie féminine sur sa psychologie. Connaître les spécificités du comportement féminin vous outillera de façon efficace pour être heureux avec la femme que vous avez choisie ou choisirez.

Ces caractéristiques sont essentiellement conséquentes du code génétique. Oui, certains intervenants vous diront que chaque individu est unique et fortement influencé par la culture qui l'entoure. D'autres vous parleront de la plasticité du cerveau. Ils vous diront aussi, paradoxalement, que nous sommes tous semblables. Ils ont raison : il y a beaucoup plus de ressemblances que de différences entre les hommes et les femmes. Sauf que, qu'on le veuille ou non, de *petites* différences de nature provoquent de *grandes* conséquences dans les relations homme – femme. C'est pourquoi il est si difficile de vivre en couple harmonieux sur une longue durée.

Ces différences biologiques se répercutent au plan énergétique, sexuel, cérébral, intellectuel, philosophique (perception du monde), logistique et émotionnel. Ces différences influencent aussi le mode de communication des femmes, **Le gros bon sens nous dit que le cerveau unisexe n'existe pas.** ainsi que leur façon d'aborder la vie de couple et leur vie parentale, sociale et professionnelle. Sans dire que la femme vient de Vénus, disons qu'elle est un être humain d'un caractère particulier, caractère divergent de celui de son compagnon, au même titre que sont quelque peu distincts les mâles et les femelles de toutes les espèces animales.

L'énergie femelle[20]

L'énergie est une capacité, un potentiel, une aptitude à modifier un état quelconque pour, selon les physiciens, effectuer un travail, produire de la chaleur ou de la lumière ou créer un mouvement. L'énergie est synonyme de mouvement. Le mot énergie vient du latin *energia* qui tire son origine du mot grec *energeia* signifiant «force en action».

En ce sens, la femme utilise son énergie et sa force pour agir, construire, faire avancer les choses, découvrir et créer à la condition qu'on lui en donne l'occasion et qu'on l'y encourage. En général, l'énergie produit l'action qui en elle-même est

---

[20] Tout comme pour l'expression «bonne femme», le mot femelle a parfois une connotation péjorative de «femme mauvaise» alors que c'est pourtant le mot juste, équivalent à mâle, lequel ne prend une connotation négative que lorsque remplacé par *macho*. Pour ceux et celles que le terme femelle offenserait, remplacez-le par féminine, même si ce mot est impropre puisqu'il fait référence à l'identité de genre et non à l'identité sexuelle, ce dont il est ici question.

source d'énergie : la femme se nourrit elle-même en agissant. Il existe donc une base énergétique à l'«altruisme égoïste» de la féminité saine. Lorsque la femme nourrit l'autre, elle renouvelle son énergie. Accepter d'être «nourri» (au sens relationnel) par une femme et être reconnaissant pour ce qu'elle nous apporte constitue la meilleure stratégie à utiliser pour augmenter son énergie *L'émotion, de l'énergie en mouvement.* et la qualité de son action, ainsi que son amour envers l'homme qui apprécie ce qu'elle fait pour lui. Même si ce qu'elle nous donne n'est pas ce que nous attendons et même si nous avons l'impression qu'elle joue à la mère avec nous. Pour obtenir le maximum d'une femme, il s'agit d'accepter de recevoir ce qu'elle nous offre.

Laisser à la femme la possibilité d'utiliser son énergie (son temps, ses ressources, ses connaissances) comme elle l'entend est l'une des plus belles preuves d'amour qu'un homme puisse donner à une femme. C'est aussi l'une des meilleures stratégies de séduction. Refuser son aide ou ses conseils ou la rabrouer lorsqu'elle veut s'occuper de nous minimisera son estime de soi (féminité malsaine en -) ou provoquera des réactions émotives intempestives (féminité malsaine en +).

L'énergie femelle possède deux mouvements : l'un qui va de l'extérieur vers l'intérieur et l'autre, du bas vers le haut. La femme a, depuis des temps millénaires, investi son énergie pour créer et nourrir la vie. Pour ce faire, elle devait accumuler de l'énergie. Pour pouvoir donner, il faut qu'elle ait quelque chose à donner ; il lui faut donc faire des réserves puisées à l'extérieur d'elle pour les accumuler à l'intérieur d'elle. Il est très significatif que nombre de femelles animales, avant leur période de rut, fassent des réserves de nourriture pour pouvoir nourrir leur petit pendant la période de gestation et d'allaitement. Il est aussi très significatif que les premières représentations du corps de la femme dans les peintures rupestres de la préhistoire le dessinent gras et gros, parfois énorme.

Nos conditions de vie ont grandement évolué depuis l'époque des cavernes, mais pas notre code génétique ni nos tendances profondément inscrites dans notre biologie. Les femmes font d'énormes efforts pour ne pas gagner du poids ; elles s'astreignent parfois à des diètes mettant leur vie en danger pour conserver «leur ligne» et attirer l'attention d'un partenaire. Mais avez-vous remarqué la tendance des jeunes femmes à prendre du poids lorsqu'elles sont bien installées dans une relation stable et sécurisante, avec un compagnon garanti à vie. Cette prise de poids est loin d'être volontaire, mais semble universelle. Elle peut toutefois avoir une influence négative sur le vécu du couple. C'est un reproche souvent entendu de la part des hommes en thérapie sexuelle : «Depuis que nous sommes mariés, ma femme a non seulement changé, mais elle a aussi pris dix (vingt ou trente) kilos. J'ai de plus en plus de difficultés à la désirer.»

Même si nous vivons dans un environnement urbain, nous habitons un corps construit pour vivre en pleine nature.

Louann Brizandine

Le deuxième mouvement de l'énergie féminine va de bas en haut. J'assistai un jour à une conférence sur le tantrisme[21] et la sexualité. La conférencière expliquait que le rôle de la femme, après avoir attiré l'homme par son chakra[22] sexuel,

---

[21] Le tantrisme est un courant de l'hindouisme qui s'est développé au Ve siècle de notre ère et qui est fondé sur l'utilisation de toutes les énergies positives qui animent l'être humain et dont les fidèles s'adonnent au culte des divinités féminines. (Robert, 2008)

[22] En yoga, le chakra, ou chacra, constitue un centre d'énergie.

était d'enseigner à ce dernier à *développer* son chakra du cœur et, si possible, son chakra spirituel. Pour elle, ce n'était que dans ces deux chakras que la relation amoureuse trouvait son plein épanouissement. La sexualité devait être mise au service de l'amour (cœur) et de la spiritualité (tête) et transformée en relation plutôt qu'en action performante. Cette perception n'est évidemment que féminine et, quoique valable en soi, pas tout à fait adaptée à l'homme, pour qui l'action est la priorité.

La femme attend de l'homme qu'il soit senti...mental et qu'il transforme son attirance sexuelle en engagement relationnel, de façon exclusive. La femme à la féminité saine sait qu'elle a besoin de cette sécurité et de cet engagement sentimental et amoureux pour pouvoir par la suite mieux s'occuper des autres et, par là même, s'occuper d'elle-même en réalisant son propre projet de vie.

C'est aussi pourquoi elle a tant besoin de regards et de communication. Elle fait tout pour attirer l'attention sur son corps (de l'extérieur vers l'intérieur) – des milliards de dollars sont dépensés chaque année en produits de beauté – pour se sentir belle et bien ; mais ce qu'elle recherche surtout, c'est la confirmation de l'existence de la relation par la parole et la communication des sentiments (du bas vers le haut). Dire «Je te désire» à une femme n'a pas du tout pour elle la même signification que de lui dire «Je t'aime». Pour elle, le désir est davantage physique (bas), alors que l'amour est spirituel (haut). Une nuance que l'homme fait plus difficilement, car il aime ce qu'il désire : l'homme aime avec son corps, la femme avec son coeur.

L'homme voit une femme : il la désire ou non. S'il ne la désire pas, il sait qu'il ne peut pas l'aimer et ne s'en approche pas. Il peut certes la désirer sans l'aimer, mais son premier choix est de

L'homme sain aime ce qu'il désire. La femme saine désire ce qu'elle aime.

lier les deux. Pour lui, amour et sexe sont liés. Ce qui n'est pas le cas pour la femme qui, non seulement veut se faire désirer (bas), mais a besoin de faire monter ce désir (cette énergie) vers le haut, vers le cœur, vers l'esprit. Pour la femme, la parole vient confirmer l'engagement: 85% des demandes de communication à l'intérieur des couples sont faites par les femmes.

La gestion de l'énergie

L'homme reproche souvent à la femme de «compliquer» les choses. Ce reproche éclaire la façon dont la femme gère son énergie: par vague, soit par haut et bas. L'homme comprend difficilement que la femme ne soit pas linéaire et ne prenne pas un temps de repos après avoir fourni un effort; elle est comme les vagues de la mer: toujours en mouvement. Comment voulez-vous arrêter les vagues de la mer? Elles vont et viennent sans cesse: il y a des vaguelettes et des vagues plus ou moins grosses, dépendant des vents; il y a aussi des vagues de fond, des marées, fortement influencées par l'attraction lunaire. Ce n'est pas «compliqué», c'est comme ça. Et c'est d'une régularité à toute épreuve. Assoyez-vous tranquillement sur une plage et observez attentivement la mer. Vous comprendrez le principe fondamental de la vie et de l'énergie féminine: **le changement**.

Toute femme vit des vagues hormonales que l'on pourrait comparer aux divers moments de la mer. Généralement tranquille, elle peut aussi s'agiter et même devenir destructrice. Chaque mois, après deux semaines d'accalmie, survient chez toute femme une tempête hormonale (appelé SPM ou syndrome prémenstruel) provoqué par une brusque montée de production de sa progestérone. Cette tempête peut être plus ou moins grosse ou contenue dépendant si la femme possède une féminité saine, malsaine en + ou en -. À toutes les grossesses survient un ouragan hormonal : pour mener à terme sa grossesse, de nombreuses hormones interviennent. Non seulement le corps de la femme en subit les contrecoups (particulièrement lors du deuxième mois), mais tout son esprit, sa philosophie de vie, ses valeurs fondamentales, son identité sont remis en question tout au long de sa gestation. De nombreuses mères, auparavant carriéristes, peuvent en témoigner.

Elle : Les hommes n'ont pas à subir tous les changements que vivent les femmes.
Lui : Non, mais nous devons apprendre à vivre avec les femmes.
Lynn

À la ménopause, survient un véritable tsunami qui emporte tout sur son passage et qui pousse la femme à reconsidérer l'ensemble de sa vie à la recherche d'un nouveau sens, surtout depuis que l'espérance de vie des femmes est passée de 51 ans en 1900 à 84 ans au début de 2000, soit une vie postménopausique qui s'étend sur trente ans. La qualité de ces décennies dépendra largement d'elle et de la façon dont elle a vécu sa féminité, mais aussi de la qualité de la relation entretenue avec son partenaire et la reconnaissance de ses enfants. Lorsque ses décennies antérieures lui ont permis de réaliser sa pleine féminité, la femme ménopausée peut alors profiter en toute légitimité d'un repos bien mérité.

La femme saine apprend, avec le temps, à bien gérer cette énergie toujours changeante et prête à exploser. Elle sait protéger les autres, et elle-même, de ses sautes d'humeur et de ses vagues à l'âme. Elle apprend à mieux maîtriser les multiples peurs (ou

**La ménopause, la dernière
«gyno-crise» de la femme.**

Louann Brizendine

phobies[23]) dopées par ses vagues hormonales car celles-ci se font beaucoup plus tranquilles après la ménopause. N'ayant plus à s'occuper des enfants qui volent maintenant de leurs propres ailes, elle peut enfin jouir d'une plus grande stabilité, surtout si elle s'est réalisée dans son rôle de mère, de partenaire et de professionnelle et si elle a eu une vie personnelle et sociale bien remplie.

La femme saine est comme une fourmi ou une abeille. Elle est un mouvement perpétuel qui régénère son énergie par son propre mouvement. Sa récompense : le plaisir et le bien-être que son action crée chez les autres. L'homme sain comprend et accepte cet altruisme égoïste de sa partenaire. Lui demander de moins s'occuper des autres, de s'arrêter et de penser un peu plus à elle (pour passer plus de temps avec lui?) constitue la meilleure stratégie pour qu'elle se sente rejetée et non acceptée dans ce qu'elle est fondamentalement. L'homme qui, au contraire, comprend et accepte ce comportement et qui désire respecter sa partenaire et retirer le maximum de celle-ci, aurait avantage à lui offrir une participation plus active dans les travaux ménagers et à s'investir davantage auprès de ses enfants. Il permettrait ainsi à sa femme de conserver plus d'énergie pour lui et leur vie intime et sexuelle. La femme qui se sent acceptée et secondée acceptera et respectera davantage son partenaire ; elle se sentira plus à l'aise pour s'ouvrir à son partenaire et à ses particularités. La femme détendue et entourée est beaucoup plus réceptive.

---

[23] Il est surprenant de constater jusqu'à quel point les phobies de la femme non ménopausée disparaissent après la ménopause. La principale explication : la chute de production de progestérone, hormone *cata*bolisante à l'origine de ses scénarios *cata*strophiques.

La sexualité féminine

La sexualité, c'est l'énergie vitale. Sans sexualité, pas de vie. Et l'on sait que la femme est la porteuse de vie. C'est d'ailleurs dans le domaine de la sexualité que s'expriment le mieux les caractéristiques de l'énergie femelle. Mais avant d'aborder les cinq caractéristiques de l'érotisme féminin, j'estime essentiel d'attirer votre attention, Messieurs, sur certaines données biologiques de la sexualité féminine.

Premièrement, la femme possède très peu de carburant sexuel, soit la testostérone. Plusieurs études ont prouvé que l'homme pouvait produire de dix à cent fois plus de testostérone que sa partenaire, expliquant ainsi sa plus grande tendance à la génitalité et sa propension aux fantasmes sexuels.

Quelle femme n'a jamais dit à son partenaire: «Tu ne penses qu'à ça!»

Le moteur de la sexualité féminine n'est donc pas hormonal, contrairement à beaucoup d'autres aspects de sa vie.

Deuxièmement, quand une femme devient mature sexuellement, elle devient capable de se reproduire et non d'orgasmer. Pour elle, le plaisir et l'orgasme ne sont pas nécessaires à la reproduction. On est d'ailleurs toujours à la recherche de preuves de présence d'orgasme chez les autres femelles animales[24] et l'on sait que, pour certaines espèces, le coït serait plutôt douloureux. Seule la femelle humaine serait capable d'apprendre le chemin de l'orgasme et encore, car nos études nous apprennent que seulement 65 à 85 % des femmes aurait connu au moins un orgasme au cours de leur vie. L'érotisme de la femme se manifeste donc comme un potentiel à développer plutôt que comme un acquis biologique.

---

[24] Les femelles macaques manifesteraient des réactions corporelles comparables aux orgasmes féminins.

Troisièmement, l'apprentissage de l'érotisme génital de la femme est un processus très délicat qui se fait par l'accumulation d'expériences relationnelles, sensuelles, érotiques et génitales agréables. Cet apprentissage est facilement contrecarré par des traumas infantiles (incestes, agressions sexuelles...), par une éducation sexuelle culpabilisante (le phénomène du double standard, le dilemme vierge – putain...), par une perception négative de son image corporelle (l'insistance de la pub sur la beauté esthétique de la femme) ou par une parole inappropriée. Une simple maladresse risque de refroidir une femme dans son élan sexuel.

Chéri, non! Les enfants dorment à côté.

Quatrièmement, le potentiel biologique de la sexualité féminine est... sans limite. Contrairement à celui de l'homme qui ne peut multiplier les orgasmes et a besoin, dépendant de l'âge, d'un temps de récupération plus ou moins long pour atteindre un nouvel orgasme, la femme, elle, est multi-orgasmique et récupère rapidement son énergie sexuelle. L'homme s'épuise en faisant l'amour, alors que l'énergie sexuelle de la femme se renouvelle sans cesse. Rappelez-vous que l'énergie de la femme est comme un mouvement perpétuel. Heureusement que sa pulsion sexuelle est limitée par un faible taux de testostérone, sinon...

Cinquièmement, la sexualité de la femme saine est multi-forme. Son désir d'orgasme n'est pas aussi fort que celui de son partenaire. Elle peut très bien apprécier une rencontre sexuelle sans orgasme, si cette rencontre lui a permis de passer un moment d'intimité chaleureuse. Elle peut avoir des orgasmes dits clitoridiens, vaginaux, utérins. Quoique ses orgasmes par stimulation du clitoris soient les plus faciles à obtenir et les plus fréquents, elle peut aussi orgasmer à partir de la stimulation de son point G et même à partir de la stimulation de ses mamelons. Existerait même une éjaculation féminine[25].

Finalement, la sexualité de la femme évolue avec l'âge. Très fantasmatique lors de l'adolescence, elle devient de plus en plus génitale, du moins chez les femmes qui ont découvert le chemin du plaisir sexuel et de l'orgasme. À 15 ans, la fille rêve (à son acteur préféré, à un amoureux imaginaire...) et se raconte des histoires, souvent en compagnie d'une copine. À 25-30 ans, elle est amoureuse et trouve que son partenaire est trop génital. À 45 ans, la femme épanouie sexuellement est capable de rechercher le plaisir pour le plaisir. Mais la majorité optera pour la sexualité amoureuse.

C'est par le cœur et la tête que l'on atteint le corps des femmes.

La sexualité féminine n'est donc pas aussi simple et linéaire que celle de l'homme : désir – caresses – orgasme. Là aussi, elle est plutôt changeante et fortement influencée par les dimensions relationnelle et environnementale. Sinon, sa sexualité fonctionnerait comme la sexualité de toutes les autres femelles animales et elle ne serait réceptive qu'en période de rut, soit au moment de l'ovulation qui survient quatorze jours avant le début de ses menstruations. Si la sexualité de la femme était sous le contrôle exclusif de ses hormones, elle ne serait réceptive que quelques jours par mois. Certaines femmes rapportent d'ailleurs une intensification de leur désir sexuel au milieu de leur cycle menstruel, à la condition évidemment que celui-ci soit régulier.

---

[25] L'existence du point G (du médecin Grafenberg qui l'a découvert) et de l'éjaculation féminine ne font toutefois pas l'unanimité parmi les sexologues.

L'érotisme féminin existe, mais à l'état latent. La libido de la femme peut être stimulée ; encore faut-il qu'elle-même et son partenaire soient conscients des caractéristiques de cet érotisme. Voici un tableau qui résume les différences homme – femme au plan sexuel.

Homme	Femme
Vision	Séduction
Génitalité	Sensualité
Intrusivité	Réceptivité
Intensité	Globalité
Rapidité	Retenue

Tableau 2. Les caractéristiques sexuelles selon le sexe

L'érotisme de la femme est d'abord et avant tout un érotisme de **séduction** et ce, dès son plus jeune âge. Alors que les petits garçons s'intéressent aux objets, les petites filles s'intéressent davantage aux visages : elles recherchent le regard de l'autre. À 5-6 ans, lorsqu'une petite fille demande qu'on la regarde, c'est sur elle qu'elle veut attirer l'attention. À 12-14 ans, lorsqu'elle prend conscience de sa valeur érotique, elle va passer des heures à se maquiller, à se pomponner, à s'évaluer dans le miroir, à se brosser les cheveux... Visitez n'importe quel centre d'achats et qu'y trouvez-vous en quantité ? Ces grandes surfaces s'adressent surtout aux femmes : vêtements, chaussures, cosmétiques, coiffure, lingerie fine, etc. Les défilés de mode s'adressent aux femmes. Tout pour être belle, sexy et attirer le regard des hommes. Besoin d'une preuve supplémentaire : achetez n'importe quel magazine de presse féminine. Quelle femme, après avoir passé une heure devant son miroir, sera quand même heureuse devant l'absence de réaction de son partenaire ? Comme dit plus haut, l'énergie de la femme va de l'extérieur vers l'intérieur : elle cherche à attirer les regards sur elle. Et c'est tant mieux puisque les hommes adorent regarder les femmes.

Dès qu'un homme est stimulé à la vue d'une belle femme, ou par une pensée libertine, des picotements se font sentir dans ses organes génitaux et, surtout s'il est jeune, il vient rapidement en érection. Lorsqu'une femme est stimulée érotiquement, elle ressent plutôt un émoi, une émotion sensuelle qui habite tout son corps : elle se met à vibrer. Plus elle est jeune, plus elle se met à rêver et à se nourrir de cette émotion, *L'adolescent se masturbe, l'adolescente rêve.* de cette **sensualité** : rêves et émotions qu'elle partage à voix basse, dans le secret de sa chambre, avec son amie intime. Son érotisme est davantage sentimental que génital. D'ailleurs, au début de l'adolescence, elle en reste généralement là, n'osant pas approcher l'objet de son désir qui, la plupart du temps, est plus âgé qu'elle et inaccessible : un professeur, un acteur, le grand frère d'une copine... Tout comme l'adolescent déshabille les filles du coin de l'oeil, n'osant les regarder directement et les approcher pour les toucher.

La femme adulte s'organisera pour démontrer à l'objet de son désir sa **réceptivité**, mais elle le fera de façon non intrusive. Elle le laissera venir, lui facilitera parfois la tâche mais pas trop. Elle aime se sentir désirée et se nourrit des efforts de conquête faits par le prétendant qui ignore qu'elle est déjà sous le charme et qu'il a peu de pouvoir dans ce jeu de la séduction. Par le passé, cette réceptivité a souvent été prise pour de la passivité, ce qu'elle n'est absolument pas. On le constate dans le processus de la séduction où la femme contrôle les quatre premières étapes[26]. L'homme ne peut séduire une femme qui ne veut pas être séduite ; ce n'est qu'à la cinquième étape, celle de l'apprivoisement réciproque, que celui-ci possède un certain pouvoir. Et encore là, il lui faut trouver la bonne vitesse – ni trop vite car il effarouche, ni trop lent car il ennuie – sinon le charme est facilement rompu et la belle cherchera à attirer le regard d'un autre prospect en allant se pavaner devant lui[27]. Une fois en couple, c'est la réceptivité ou non de la femme qui détermine très souvent la fréquence des rapports sexuels, ce que certains appellent le pouvoir occulte.

Sauf exception que l'on retrouve généralement chez l'amazone, la sexualité de la femme est loin d'être aussi intense que celle de l'homme. Pour une raison très simple : les conséquences d'un acte sexuel sont beaucoup plus importantes pour la femme. C'est pourquoi la femme saine veut savoir à qui elle a à faire avant de s'engager dans une activité sexuelle. Elle veut savoir si elle peut se fier à cet homme, car si la relation se développe, c'est tout son être qu'elle va livrer dans cette relation, pas seulement ses organes génitaux. C'est aussi tout son corps, son esprit, son coeur et son âme qu'elle investira dans la grossesse, l'accouchement et l'allaitement. Il est donc très compréhensible qu'elle soit moins portée à s'investir émotionnellement et sexuellement au début d'une relation et qu'elle soit davantage sur ses gardes. Sa sexualité est plus **globale** et ne se limite pas à la génitalité, comme l'homme, surtout l'homme malsain (+), peut le faire.

---

[26] Pour une description détaillée du processus de séduction, voir le chapitre 3 de *Qui sont ces couples heureux ?*

[27] La prise de conscience du pouvoir de la femme dans le processus de séduction amène de nombreux hommes à se mettent sur le mode attente plutôt qu'intrusif, comme l'explique Jean-Sébastien Marsan et Emmanuelle Gril dans leur livre *Pourquoi les Québécois ne draguent plus ?*.

La **retenue** constitue donc, pour cette raison, une caractéristique de la sexualité féminine. Rares sont les femmes qui orgasment lors des premières rencontres sexuelles; rares sont les adolescentes qui ont connu l'orgasme dès les premières tentatives de masturbation. Plusieurs femmes n'ont apprécié les relations sexuelles que plusieurs mois ou années après leur première relation sexuelle. Et même après avoir appris à s'abandonner et à atteindre l'orgasme, les femmes montrent toujours cette réserve devant leur génitalité : elles valorisent davantage les jeux sexuels préliminaires et prennent généralement plus de temps à parvenir à l'orgasme, même si elles peuvent y parvenir aussi rapidement que l'homme lorsqu'elles se masturbent.

Cette description admet évidemment des exceptions : certaines femmes ont une sexualité génitale très intense; des femmes atteignent l'orgasme précocement; d'autres sont très intrusives et font même peur aux hommes; certaines sont très visuelles... J'ai, à l'occasion, reçu des couples de 50 ans et plus où c'est la femme qui se plaignait d'une vie sexuelle non suffisamment active; ce fut rarement le cas pour des couples de moins de 40 ans. Mais, en dehors de ces exceptions, cette description représente bien la sexualité de la femme « normale ».

L'homme qui veut s'épanouir sexuellement avec sa partenaire ne peut faire abstraction des caractéristiques de la sexualité féminine. Connaître, accepter, valoriser et intégrer les réalités biologiques, comportementales et émotives de sa partenaire dans la vie sexuelle de son couple pourra faire de lui un bien meilleur amant que celui qui, à l'instar des films pornos, se concentrent sur la seule génitalité coïtale. L'homme doit accepter que sa partenaire soit séductrice, sensuelle, réceptive, globale et retenue au plan sexuel, sans renier sa sexualité visuelle, génitale, intrusive, intense et rapide. Il ne peut exiger d'elle qu'elle se comporte comme un homme au point de vue sexuel ou attendre que ça vienne d'elle. En général, il risque d'attendre longtemps puisque l'une des principales sources de stimulation sexuelle de la femme saine est de sentir l'intensité du désir de son homme. Il ne faut donc pas perdre de vue que l'énergie sexuelle de la femme va de l'extérieur vers l'intérieur (pénétration) et du bas vers le haut (senti – mental). Tenir compte des sensibilités de l'autre encourage l'autre à tenir compte des siennes.

Ne pas parler de sexualité, c'est… ne pas parler de soi.

Michel Conte

Toutefois, il faudrait éviter la pire des erreurs que l'on puisse faire dans le domaine de la sexualité humaine, soit de valoriser une caractéristique, féminine ou masculine, au détriment de l'autre. Prenons l'exemple de la rapidité masculine et de la retenue féminine. Tous les mâles de toutes les espèces animales, sauf rares exceptions, éjaculent à la pénétration. Cette caractéristique biologique de la sexualité mâle est devenue, chez l'humain, une dysfonction : l'éjaculation précoce. D'un autre côté, l'orgasme serait absent chez les femelles animales. Pourquoi alors ne pas accuser la femme d'orgasme retardé plutôt que de faire porter le poids de cette différence sur les seules épaules de l'homme ? La réalité biologique est qu'il existe une différence de réactivité génitale entre le mâle et la femelle, différence que le couple doit apprendre à gérer. Tous les hommes peuvent apprendre à éjaculer au moment où ils le décident et toutes les femmes peuvent apprendre à s'abandonner plus rapidement à l'excitation sexuelle[28]. Encore faut-il que cela se fasse dans le respect des

---

[28] Le Dr Iv Psalti, auteur de *Migraines ou gros câlins*, fait remarquer, lors de ses conférences, que la femme qui se masturbe va directement à sa zone génitale et qu'elle peut orgasmer aussi rapidement qu'un homme.

caractéristiques sexuelles de l'un comme de l'autre afin de faire disparaître la tension provoquée par le complexe de performance, ennemi #1 de l'épanouissement sexuel.

Valoriser une caractéristique sexuelle revient à établir une norme et donc à dire que la personne qui répond à la norme est correcte et l'autre non. Contrairement au proverbe populaire ci-contre, lequel responsabilise *Il n'y a pas de femme frigide, il n'y a que des hommes maladroits.* l'homme et déculpabilise ou «victimise» la femme, il y a, dans la réalité, des hommes maladroits **et** des femmes frigides et, généralement, ils se retrouvent ensemble selon le principe que mon partenaire est mon miroir.

Le cerveau de la femme

Le cerveau (ou encéphale) humain est constitué de trois parties superposées.

1. Le cerveau reptilien ou primitif (métencéphale) comprend le tronc cérébral et le cervelet. Ce cerveau gère les fonctions essentielles à la survie : respiration, rythme cardiaque, homéostasie. On peut s'y fier, mais il est plutôt rigide et compulsif parce que réflexe.

2. Le cerveau mammalien ou limbique (mésencéphale) s'est développé à partir du cervelet, il y a 300 à 200 millions d'années. Il comprend, entre autres, l'hippocampe, l'amygdale et l'hypothalamus. Il est le siège des instincts et des émotions et contrôle le système nerveux autonome. S'y trouve aussi le centre du plaisir et le contrôle de l'activité sexuelle. On pourrait dire qu'il est notre inconscient collectif.

3. Le néocortex (prosencéphale) est le cerveau que nous partageons avec les mammifères supérieurs et les primates (baleines, dauphins et chimpanzés), sauf que le nôtre est le plus grand par rapport au corps, ce qui fait notre supériorité. Il est le siège de la conscience, du sens éthique et de la capacité de se projeter dans l'avenir. Le néocortex est malléable et possède des capacités d'apprentissage fantastiques.

Le néocortex est mère de l'invention et père de la pensée abstraite.

Paul D. MacLean

Ces trois cerveaux s'influencent continuellement. Le Dr MacLean[29], neurochirurgien, compare le cerveau primitif à un reptile en laisse, le cerveau limbique à un cheval sans cavalier et le néocortex au cavalier.

Qu'on le veuille ou non, nos cerveaux naissent avec des programmations qui les rendent différemment sensibles à l'influence de l'environnement. Lorsque l'on compare des cerveaux d'hommes et de femmes, on note de nombreuses *petites* variations anatomiques qui nous permettent de comprendre certaines *grandes* différences psychologiques et comportementales. La tomographie par émission de positons (PET) et l'imagerie par résonance magnétique fonctionnelle (IRMf[30]) nous ont permis d'observer le cerveau en action et en temps réel et de découvrir les différences suivantes :

1. Le cerveau de l'homme pèse en moyenne 150 à 250 grammes de plus que celui de la femme. Pendant longtemps, on a cru que cela donnait une supériorité mentale à l'homme. Par contre,

---

[29] MacLean, Paul D., *Les trois cerveaux de l'homme*, Paris, Robert Laffont, 1990.

[30] L'IRMf est une technique d'apparition récente (début des années 80) permettant d'avoir une vision en deux ou trois dimensions du cerveau humain. On l'appelle aussi scanner. Cette technique permet d'enregistrer l'activité cérébrale en direct.

si l'on compare le rapport de taille cerveau – corps, on ne constate aucune différence entre les sexes. Des études plus récentes ont démontré que le cerveau féminin est plus dense, compensant ainsi la grosseur.

2. Le cerveau possède deux hémisphères dont chacun possède ses spécialités. Le gauche, dit scientifique, est plutôt rationnel, analytique et temporel ; le siège du langage et de l'écriture s'y trouve. Le droit, dit artistique, est plutôt émotif, synthétique, spatial et non verbal. Or, l'hémisphère gauche est plus développé chez la femme, alors que l'hémisphère droit l'est plus chez l'homme.

3. Les deux hémisphères sont reliés par le corps calleux, faisceau de fibres nerveuses (axones), lequel permet l'échange d'informations entre les deux. Ce corps calleux possède 40 % plus d'axones chez la femme que chez l'homme.

4. Les axones du cerveau féminin disposent de 12 à 13 % plus de dendrites. Les dendrites facilitent une meilleure et une plus rapide transmission d'informations d'une cellule à l'autre et d'un hémisphère à l'autre.

5. Certaines parties de l'hypothalamus, glande du système limbique qui avec l'hypophyse gère plusieurs fonctions corporelles, sont jusqu'à dix fois plus grosses ou plus denses chez l'homme. L'hypothalamus, parce qu'il contrôle la circulation hormonale, sexualise notre cerveau, notre corps et nos comportements, y compris notre comportement sexuel. L'hypothalamus gouverne ce que les anglophones appellent *the four 4 A's* ou les quatre comportements commençant par la lettre A, soit l'alimentation, l'agressivité, l'activité sexuelle et l'accès de fuite.

6. Le cortex cingulé antérieur évalue les choix et prend des décisions, mais c'est aussi celui qui se fait du «mauvais sang». Il est plus volumineux chez la femme.

7. Le cortex préfrontal gère les émotions. Non seulement est-il plus gros chez la femme, mais son développement se fait plus rapidement. En général, le développement du cerveau de la fille est en avance d'un à deux ans sur celui du garçon. Cette distinction est particulièrement notable à l'adolescence.

8. L'amygdale, le noyau des instincts, est plus grande chez l'homme. C'est l'amygdale qui enregistre la peur et qui déclenche l'agression.

9. L'hippocampe, plus grand et plus actif chez la femme, constitue la mémoire du cerveau.

10. Les centres du langage et de l'audition de la femme possèdent 11 % plus de neurones.

11. La partie du cerveau dédiée aux pulsions sexuelles est 250 % plus importante chez l'homme que chez la femme[31].

12. Le cerveau de la femme comporte plus de neurones miroirs que le cerveau de l'homme, ce qui permet à la femme de ressentir dans son corps ce que l'autre vit.

[31] Fait intéressant, de nombreuses études ont démontré que les caractéristiques du cerveau des homosexuels se rapprochaient davantage de celles du cerveau féminin. Pour en savoir davantage : Kimura, Doreen, *Cerveau d'homme, cerveau de femme*, Odile Jacob, 1999.

Quelles sont les conséquences de ce dimorphisme cérébral sur la psychologie et le comportement humains ? La différence de poids ou de densité ne semble pas reliée à quelque conséquence que ce soit, du moins à l'état actuel de nos recherches. Par contre, la latéralisation des deux hémisphères a des répercussions que l'on constate dès le plus jeune âge : les petites filles sont moins agitées que les garçons et ont aussi moins de difficultés dans l'apprentissage du langage, de la lecture et de l'écriture (dyslexies). On constate facilement l'avancée des filles sur les garçons au plan du langage bien avant l'âge

> *La biologie affecte la réalité, mais ne la verrouille pas.*
> Louann Brizandine

de deux ans[32] : elles communiquent déjà avec deux à trois fois plus de mots. À l'école, lorsqu'on demande à une fille de se tenir tranquille, on voudrait qu'elle se taise et arrête de ricaner, alors qu'on voudrait que le petit garçon arrête de bouger. Autre exemple, l'appel téléphonique d'une femme dure en moyenne trois fois plus longtemps et les femmes utilisent en moyenne deux à trois fois plus de mots dans une journée.

Contrairement à la croyance populaire, la femme est plus rationnelle que l'homme, puisque son hémisphère gauche est plus développé. Ce qui nous fait croire le contraire, c'est que la femme exprime verbalement ses émotions pour créer des liens, alors que l'homme va plutôt les agir afin de faire disparaître la source de ses émotions. Alors que les garçons forment des équipes sportives, les filles vont plutôt « copiner » et échanger entre elles les nombreuses expériences, situations et émotions qu'elles ont vécues en relation avec leur entourage. C'est ce qui explique que les amitiés féminines sont généralement plus durables que les amitiés masculines qui

---

[32] Pour vous en convaincre : rendez-vous à http://www.youtube.com/watch?v=sDocL7AfIRo.

sont plus utilitaires et circonstancielles. Et lorsque la femme exprime directement ses émotions, l'expression de celles-ci est plus enthousiaste, plus intense et les mots pour le dire lui viennent plus spontanément. Demander à une femme comment elle se sent ou comment s'est déroulée sa journée et… prenez le temps de vous asseoir.

La femme exprime davantage ses émotions, ses expériences et ses souvenirs (elle adore revenir sur le passé) parce que son corps calleux est plus développé, ses dendrites plus nombreuses et son hippocampe plus volumineux, lui donnant ainsi un meilleur accès à tout son bagage cérébral. Elle est capable de se rappeler la température qu'il faisait le jour de son mariage alors que son partenaire a parfois de la difficulté à se rappeler la date de leur mariage. C'est aussi ce qui lui permet de rappeler à son partenaire toutes les gaffes qu'il a faites dans les cinq dernières années… au minimum. De plus, son cerveau est multifonctionnel, comme nous le démontrent les nombreuses expérimentations à l'aide de l'appareil IRMf.

Lorsqu'on donne à des hommes et des femmes la même tâche à accomplir, on observe que leurs cerveaux réagissent différemment. Peu importe l'activité exercée, verbale ou non-verbale, la partie interpellée s'activera chez les deux sexes, mais d'autres parties du cerveau de la femme s'activeront aussi, y compris des parties du cerveau qui n'ont rien à voir avec l'activité en question. Le cerveau de la femme fonctionne donc de façon plus holistique[33], alors que celui de l'homme le fait de façon plus latéralisée. Pour vous en convaincre, écoutez une femme parler quelques minutes

---

[33] Holisme : théorie selon laquelle l'être humain forme un tout indivisible. Dans le cas de la femme, le sexe, le corps et l'esprit forment une seule et même entité.

au cours d'une conversation à bâtons rompus ou lors d'une conversation téléphonique et calculez le nombre de sujets différents qu'elle aura abordé.

La femme est portée à se faire du mauvais sang et ce, pour deux raisons : son corps cingulé est plus développé et plus volumineux et elle produit de la progestérone, hormone catabolisante, en quantité industrielle. Faites le test suivant : demandez autour de vous aux mères comment elles réagissent lorsqu'elles voient leurs enfants grimper dans un arbre. Et demander ensuite aux pères. La testostérone, qui est un anabolisant, poussera les pères à encourager leurs enfants à grimper encore plus haut.

Ces différences se sont lentement développées au cours de l'histoire de l'Humanité parce que les hommes et les femmes ne vivaient pas constamment et tout à fait dans le même environnement. Alors que l'homme était souvent parti à la chasse, la femme restait dans et autour de la caverne à s'occuper des enfants et de cueillette. Aussi drôle que cela puisse paraître, cela explique pourquoi les hommes détestent le magasinage et les femmes l'adorent, du moins c'est l'explication qu'en fait le professeur Daniel Kruger de l'Université du Michigan[34]. C'est ce qui explique aussi que les femmes voient les moindres détails, surtout ceux qui détonnent, comme le coin poussiéreux que le mari a laissé après avoir passé l'aspirateur.

Dans la préhistoire, la femme demeurait à la caverne pendant que l'homme partait à la chasse, tuait et revenait avec son gibier (tout comme aujourd'hui, il va au centre commercial pour une raison précise et revient aussitôt son achat effectué). En explorant son

---

[34] Evolved foraging psychology underlies sex. Differences in shopping experiences and behaviors", dans *Journal of Social, Evolutionary, & Cultural Psychology*, décembre 2009.

environnement (comme aujourd'hui elle explore les boutiques), elle en profitait pour chercher des racines comestibles autour de la caverne, des fruits dans les arbres ou tout autre objet pouvant un jour être utile. En retournant sur les mêmes lieux de récolte, elle pouvait rapidement voir ce qui avait changé (poussé) depuis sa dernière visite. Elle était aussi à l'affût de toutes les petites bêtes (araignées, rats, serpents, scorpions…) qui pouvaient s'infiltrer dans la caverne et devenir un danger pour la nourriture accumulé et les jeunes bébés. Elle était donc attentive à tout ce qui avait changé depuis sa dernière récolte ou à tout ce qui bougeait dans la caverne, à tout ce qui sortait de «l'ordinaire». En un seul regard, elle a appris à tout voir. C'est ainsi qu'à travers les millénaires, elle a développé une vision grand angle qui a influencé le développement de son cerveau, lequel est devenu un véritable radar : rien ne passe inaperçu.

Les femmes comprennent difficilement qu'un homme ne puisse pas voir la chemise qu'il cherche dans sa penderie alors qu'elle est justement devant ses yeux, le beurre qui est pourtant sur la première étagère du frigo (mais pas à sa place habituelle) ou ses clés qui sont sur le coin du bureau alors qu'il vient de faire le tour de la maison pour les chercher. La chasse a développé une vision télescopique chez l'homme alors que la cueillette et la surveillance ont stimulé chez les femmes une vision périphérique qui lui permet de voir les moindres détails. C'est aussi pourquoi ses amies verront les deux centimètres de cheveux qu'elle s'est fait coupé ou les nouvelles mèches qu'elle s'est fait faire, ce que son partenaire de tous les jours verra difficilement.

Le fait d'être conscient que nous sommes programmés pour agir différemment, que nos pulsions proviennent de la constitution biologique de notre cerveau, que nous sommes le résultat d'une interaction permanente entre l'*inné* et l'*acquis*[35] nous donne un grand pouvoir: celui d'agir conformément à notre nature ou d'agir autrement. Nier l'influence de la structure du cerveau et de l'influence des hormones sur notre comportement quotidien, au nom de la liberté ou du «politiquement correct», c'est lutter

Cerveau: appareil avec lequel nous pensons que nous pensons.
Ambrose Bierce

contre notre propre nature. Refuser, d'un autre côté, que nous puissions influer la nature et changer nos comportements, c'est nous condamner à l'impuissance. Rien n'est jamais fixé définitivement, tout est changement. La biologie n'est peut-être pas le destin, mais la culture possède aussi des limites qu'elle ne peut ignorer sans conséquences.

Pour être heureux en amour, l'homme doit donc savoir et accepter que le cerveau de la femme fonctionne de façon plus globale que le sien et que sa partenaire ne réagira pas par l'action ou la recherche de solutions immédiates, mais plutôt par l'expression verbale de son vécu afin d'entretenir une relation de complicité. Il doit comprendre que le cerveau de sa partenaire fonctionne comme un radar, qu'elle voit tout et dans les moindres détails, non pas pour lui compliquer la vie, mais bien parce son cerveau possède cette capacité d'être multifonctionnel: elle peut parler,

---

[35] Seuls les idéologues continuent de débattre de l'influence de l'innée et de l'acquis, les uns arguant que «la nature est le destin», les autres que «nous ne naissons pas homme ou femme, nous le devenons». Les scientifiques, quant à eux, savent que nous sommes le produit de l'interaction de la nature et de l'environnement et que l'environnement peut, à travers les millénaires, modifier la nature. Ce qui a donné naissance non seulement à la neuropsychologie, mais aussi à la psychologie évolutionniste.

écouter, tout en se rappelant qu'il y a un enfant dans la cour arrière, qu'elle doit téléphoner à sa sœur et qu'elle doit préparer le poulet pour le souper.

L'homme doit accepter le paradoxe suivant. Quoique l'hémisphère gauche (rationnel) soit plus développé chez la femme, celle-ci n'a aucune difficulté à fonctionner aussi avec son hémisphère droit (plus émotif). Comme son corps calleux est plus développé et que ses neurones possèdent plus de dendrites, elle trouvera beaucoup plus rapidement les mots (situés dans le cerveau gauche) pour dire son émotion (située dans le cerveau droit). C'est ce qui donne l'impression aux hommes que les femmes sont hypersensibles et émotives, alors qu'au contraire, elles contrôlent beaucoup mieux leurs émotions et savent très bien les exprimer, parfois même de façon théâtrale. Par contre, contrairement à l'homme, elle peut passer rapidement d'une émotion à l'autre, de la colère à l'amour par exemple, ou des rires aux larmes. Ce que les psychologues appellent la labilité émotionnelle.

La femme est loin d'être «une boule d'émotions» et de vouloir «compliquer» les choses, comme le pense la majorité des hommes. Non, son cerveau – radar passe facilement d'un sujet à l'autre, d'une émotion à l'autre et voit tout. La femme est beaucoup plus rationnelle, logique et en contrôle d'elle-même que l'homme peut le croire. Du moins, la femme saine, car la femme malsaine risque de mettre toute la puissance et la richesse de son cerveau à l'atteinte d'objectifs égocentriques.

L'intelligence féminine
Nous avons vu dans *Qui sont ces femmes heureuses?* (p. 72-73) que définir l'intelligence n'était pas chose facile puisque l'intelligence humaine s'utilise elle-même pour se définir.

Résumons en disant que l'intelligence constitue une capacité d'appréhension et d'adaptation à la réalité (matérielle, subjective ou virtuelle) et une aptitude au changement. L'intelligence peut aussi prendre de multiples formes.

Existerait-il une intelligence féminine différente de l'intelligence masculine ? D'après de nombreux psychologues, l'intelligence de la femme serait égale à celle de l'homme, contrairement à un certain paradigme du XIXe siècle qui laissait croire que l'homme était plus intelligent que la femme et aussi que l'homme blanc était, de toutes les races, le plus intelligent. Il y a certes des différences d'intelligence selon le sexe, la race, mais celles-ci sont minimes et généralement dues au contexte éducationnel et culturel. Le principal avantage que la femme possèderait sur l'homme tient au fait que, lors de l'administration de tests mesurant le quotient intellectuel (Q.I.), elle démontre une légère supériorité aux sous-tests faisant appel aux capacités verbo-motrices, là où l'homme démontre plus d'aisance aux sous-tests spatio-temporels. Cela ne veut pas dire que les hommes ne peuvent pas développer une dextérité manuelle fine et écrire de la poésie ou que les femmes ne sauront pas retrouver leur chemin dans une nouvelle ville, mais l'expérience de tous et chacun nous démontre que les hommes retrouvent plus facilement le Nord et que les femmes ont plus de facilité à apprendre une nouvelle langue et à en saisir les nuances.

Ces variations sont toutefois d'ordre quantitatif et sont considérées par plusieurs scientifiques comme négligeables. Effectivement, les différences quantitatives sont minimes, mais elles induisent de fortes différences qualitatives dans le comportement sexué des hommes et des femmes. La théorie de l'évolution de Darwin nous apprend que nous «descendons du singe» et que pendant des millions d'années nous avons été, selon les ethnologues, des *chasseurs – cueilleurs* ou plutôt, pour reprendre l'expression de Claire-Marie Clozel[36], des *chasseurs – cueilleuses.* C'est ainsi qu'en raison du contexte social de l'époque, les hommes ont dû développer des aptitudes qui faisaient d'eux de meilleurs chasseurs et les femmes, des aptitudes qui faisaient d'elles de meilleures cueilleuses.

Selon la psychologie évolutionniste, la plus grande capacité verbo et sensori-motrice de la femme s'explique facilement. Pendant que les hommes devaient s'éloigner pour aller chasser et accumuler des indices pour revenir, les femmes restaient dans et autour des cavernes. Pour cueillir des baies et autres petits fruits sauvages, elles ont dû développer une dextérité manuelle fine pour ne pas les écraser ou les taler. Pour savoir si la nourriture était comestible, elles la sentaient. Pour se protéger des prédateurs de toutes sortes qui rodaient autour d'elles et des enfants, elles ont créé des codes sonores pour s'avertir mutuellement lorsqu'il y avait un danger quelconque. Ces sons sont devenus, avec le temps, un langage tout en nuances. Elles épiaient aussi le moindre bruit souvent synonyme d'un prédateur à l'affût. Avec le temps, tous les sens des femmes se sont perfectionnés et sont de beaucoup supérieurs à ceux des hommes, sauf la vision diurne essentielle pour le chasseur.

Cette sensibilité au plan de l'intelligence verbo et sensori-motrice se manifeste dans de multiples aptitudes et comportements féminins actuels :

---

[36] Clozel, Claire-Marie, *Pourquoi les petits garçons ne sont pas des petites filles... Un secret bien gardé*, Montréal, Tryptique, 2007, p. 123.

- de nombreuses femmes ont la phobie des petits animaux : araignées, rats, couleuvre...
- elles sont particulièrement sensibles à l'intonation utilisée pour lui parler et savent percevoir la couleur émotive du ton employé ;
- elles savent, à l'odeur, si la nourriture est passée date et quand il est temps pour son partenaire de prendre une douche ;
- elles se réveillent au moindre vagissement de son nouveau-né alors que papa dort sur ses deux oreilles, même quand bébé pleure ;
- elles sont plus intéressées par la décoration de la maison et le *feeling* de l'aménagement ;
- elles donnent une description subjective de la route à suivre plutôt qu'une description topographique ;
- elles s'intéressent aux moindres détails, que ce soit sur son conjoint ou sur ses enfants ou dans et autour de la maison ;
- elles parlent plus vite et utilisent au moins deux fois plus de mots dans une journée que les hommes.

L'homme sain fera confiance en ces capacités féminines et, s'il en tient compte, saura même en profiter, surtout s'il les considère complémentaires aux siennes et non comme une stratégie utilisée par les femmes pour le rabaisser ou lui compliquer la vie.

Les quatre modes de perception du monde
La réalité est appréhendée selon quatre modes de perception[37].

1. Le mode *physique* représente la réalité objective, celle que nos cinq sens nous renvoient et qui peut être mesurée (faits et gestes) ;

2. Le mode *intellectuel* regroupe la pensée, l'imagination, la connaissance, les attitudes mentales, la planification, le sens éthique ;

3. Le mode *émotionnel* représente la réalité subjective ;

4. Le mode *spirituel* relève aussi de la réalité subjective. Ici le terme spirituel est pris dans son sens religieux[38] de lien et dans celui de « ce qui est de l'ordre de l'esprit ».

La réalité objective fait référence au monde extérieur à soi, alors que la réalité subjective s'intéresse davantage au monde intérieur. La femme est un être qui se vit d'abord et avant tout à l'intérieur d'elle-même. Il s'agit d'écouter le contenu de n'importe quelle discussion entre femmes pour s'en rendre compte.

Il est intéressant d'observer les jeux des petits garçons et des petites filles, surtout si vous les laissez à eux-mêmes et n'intervenez pas dans leurs choix de jouets. Quoiqu'il puisse avoir des exceptions, les garçons choisiront plus souvent des jouets « compétitifs » et les filles, des jouets « relationnels ». Et si les jouets sont inversés, l'utilisation sera quand même sexuée. Par exemple, les garçons chercheront le mécanisme

---

[37] Ce modèle a été développé par Joe Tanenbaum dans son livre *Découvrir nos différences*, Quebecor.

[38] Du latin *religare* : relier. À l'origine le lien est avec Dieu, mais je l'extrapole aux liens entre êtres humains.

qui fait pleurer la poupée, alors que les filles, dans un carré de sable, feront discuter entre eux les conducteurs de deux camions. Observez, et vous verrez!

Écoutons un couple discuter lors d'une ballade en voiture dans un quartier chic de la ville de Québec :

Elle : «Comme ce serait agréable d'avoir une belle maison comme celle-ci, avec vue sur le fleuve.»

Lui : «Voyons, chérie, tu sais très bien que nous n'avons pas les moyens de nous payer une telle demeure.»

Elle : «Je sais bien que nous n'en n'avons pas les moyens, mais j'ai bien le droit de rêver, n'est-ce pas?»

Lui : «Pas par les temps qui courent, surtout au moment d'une crise économique. Mais, si jamais on gagne au loto...»

Elle : «Tu n'es vraiment pas romantique...»

Lui : «Comment ça, je ne suis pas romantique?»

Elle : «Tu veux toujours avoir raison.»

Lui : «?!?!»

Ce genre de dialogue est très fréquent dans un couple : Madame rêve et exprime des désirs alors que Monsieur, ne s'attardant qu'à des projets réalisables, sape le plaisir de sa partenaire par des considérations matérielles. Et il est surpris de se faire dire qu'il ne comprend rien à rien.

Nous savons que l'homme, malgré son cerveau émotif plus développé, préfère fonctionner sur les modes physique et intellectuel. La pensée de l'homme exprime la réalité par son corps. L'homme aura parfois des «réactions» émotives, mais rarement un état émotif sans raison. Il aura plutôt des pensées tristes ou heureuses et il les exprimera physiquement. Quant à la spiritualité, il l'envisage en termes de constructions de cathédrales (mode physique) ou en élaborant des philosophies (mode intellectuel). Les femmes vivent aussi sur ces deux premiers modes de perception, mais rares sont celles qui s'y cantonnent. Elles existent aussi sur deux autres plans plus difficilement compréhensibles pour de nombreux hommes. Si, dans l'exemple ci-dessus, il y avait eu deux femmes dans la voiture, la deuxième aurait renchéri sur le rêve de sa copine et toutes les deux en auraient ri, tout en sachant très bien qu'elles rêvaient.

L'homme ne comprend pas que sa femme puisse se lever un matin en se sentant triste ou heureuse, sans raison particulière, ou qu'elle puisse discuter avec grand plaisir avec sa copine de sujets qui lui paraissent tout à fait futiles, seulement pour le plaisir d'être en relation avec sa copine. Pour être heureux avec sa partenaire, l'homme doit se montrer ouvert à l'expression de ces deux modes d'existence et ne pas minimiser ou ridiculiser cette réalité subjective. Sinon, sa partenaire risque de lui communiquer de moins en moins son vécu intime, de le faire de plus en plus avec ses amies en le tenant à l'écart ou, pire, à dire ce qu'elle croit qu'il veut entendre.

La meilleure stratégie de l'homme consiste tout simplement à écouter, écouter et encore écouter et, surtout, à ne pas proposer à sa partenaire des solutions toutes faites. Il ne doit pas chercher à faire disparaître les émotions de sa partenaire et à la ramener

« les deux pieds sur terre ». Ce faisant, elle aura l'impression d'être jugée et critiquée ou encore qu'il cherche à lui dire qu'elle manque d'intelligence et doit être réparée. Sa solution, à elle, c'est d'échanger ses émotions et son désir le plus fort : être comprise, ou du moins entendue, et partager le plaisir d'être intime avec l'autre en explorant son monde subjectif (affectif).

La femme qui se tait prépare son divorce.

Alors que les petits garçons jouent généralement à des « jeux de règles », les petites filles jouent à des « jeux de rôles ». Dans les jeux de règles, il est important de suivre les règles sinon l'on risque de se faire traiter de tricheur. Dans les jeux de rôles, tout peut être improvisé ; l'essentiel est que chaque joueur, ou plutôt joueuse, y trouve son compte. Les jeux des petits garçons et des petites filles présagent déjà des relations conjugales : pour l'homme, la réalité matérielle est au centre de sa vie ; pour la femme, c'est la personne qui est la plus importante. Oui, elle aimerait vivre dans un château, mais à quoi sert un château si le prince n'y est pas ou n'y est pas présent… totalement.

Elle : « Chéri, est-ce que tu m'aimes ? »

Lui : « Je suppose que oui si je t'ai épousée. »

Elle : « J'ai parfois l'impression que tu n'es pas là. »

Lui : « Voyons, je reviens à la maison tous les soirs. »

Elle : « Je veux dire : vraiment là. Tu es là, oui, mais je n'ai pas l'impression que tu es vraiment là pour moi. Tu fais tes choses, mais c'est comme si je n'existais pas. J'aimerais ça que l'on soit plus souvent *ensemble*. »

Lui : « Mais qu'est-ce que tu veux dire : on est toujours ensemble. Tous les soirs, tous les week-ends… On passe même nos vacances ensemble. »

Elle : « Tu ne comprends pas ce que je veux dire. J'aimerais ça qu'on se parle plus souvent. »

Lui : « Mais… qu'est-ce qu'on fait là ? Ah ! Les femmes… Toujours en train de compliquer les choses ? »

Elle : « Ok, ok ! Laisse faire… Fais comme si je n'avais rien dit. »

Cet échange vous est familier ? La suite dépend plus souvent qu'autrement de la réaction de la femme : elle laisse tomber ou elle en rajoute. Pour la femme, faire des choses l'un à côté de l'autre ne signifie pas être *ensemble*. Elle a besoin de sentir que les deux partenaires soient intimement, affectivement, spirituellement connectés. Deux joueurs de golf vont facilement jouer une partie en limitant leurs échanges sur leurs techniques ou l'actualité du jour (ou en échangeant des blagues sur le golf), mais deux joueuses profiteront de tous les moments d'arrêt pour échanger entre elles sur des sujets très variés. Les deux paires jouent *ensemble*, même s'ils ne jouent pas de la même façon.

Une autre source de malentendus entre hommes et femmes quant à leurs modes de perception se vérifie tous les jours dans les relations interpersonnelles : le contact physique. Lorsqu'une femme – collègue, voisine ou amie – touche spontanément un homme ou lui fait une embrassade, ce dernier interprète facilement que celle-ci veut passer au mode physique (sexuel). S'il se montre plus affectueux, plus attentif, c'est elle qui croira à son tour qu'il est en train de la draguer alors que, pour elle, ce n'était qu'un geste amical signifiant l'existence d'un lien.

C'est la même chose qui se passe à l'intérieur d'un couple lorsque la femme vient chercher un peu d'affection dans les bras de son homme. Celui-ci peut facilement croire qu'elle est disposée à faire l'amour.

> Elle : « Chéri, je suis tellement bien dans tes bras. Je t'aime. »
>
> Lui : « Moi aussi, je t'aime, ma chéri. » (Monsieur commence à la caresser.)
>
> Elle : « Mais voyons... est-ce moi que tu aimes ou seulement mon corps ? »

L'homme heureux en amour (et dans sa sexualité) sait faire la différence entre une demande d'affection et d'intimité et une invitation sexuelle. Je l'admets, ce n'est pas toujours facile. Mais l'homme qui veut s'épanouir avec sa partenaire doit comprendre que, à côté de ses « règles du jeu » (physiques et rationnelles), existe une tout autre réalité faite de subjectivité, d'affectivité et de spiritualité. Il doit apprendre que la relation n'existe pas seulement par des échanges d'idées ou des échanges physiques, mais aussi de cœur à cœur et d'âme à âme.

Filles et femmes adorent les échanges interpersonnels. C'est comme ça qu'elles apprennent à être mères et aidantes naturelles. C'est comme ça qu'elles se sentent vivre : en nourrissant et en entretenant des relations intimes. Plusieurs femmes cotent leur valeur au nombre de leurs relations. C'est ainsi qu'elles évaluent leur bonté et qu'elles deviennent des femmes saines. C'est ainsi qu'elle apprend à satisfaire ses besoins personnels en satisfaisant ceux des autres.

L'homme dont la femme saine deviendra et restera amoureuse sera celui qui respectera sa manière subjective de s'investir dans le couple et qui acceptera de discuter avec elle sur les plans émotifs et spirituels. La femme est aussi attirée par l'esprit de l'homme[39], non seulement par sa puissance. L'humour spirituel est une excellente technique de séduction.

Femme qui rit, à moitié dans ton lit. La femme finit par désirer celui qu'elle aime et dont elle se sent aimée et pour se sentir aimée, elle a besoin de se sentir comprise et sur la même longueur d'onde. Seules les femmes malsaines (amazones ou terrifiées par la solitude) vont se donner au premier venu après seulement quelques heures de rencontres. Les autres prendront le temps de savoir à qui elles ont affaire avant de s'abandonner « âme et corps ».

Confirmée dans son émotivité et sa spiritualité, la femme acceptera beaucoup plus facilement de s'ouvrir au monde rationnel et physique (y compris sexuel) de l'homme, la femme étant aussi un être à la recherche de plaisirs concrets et de confort matériel. Elle ne saura jamais l'être autant que l'homme le voudrait, mais au moins obtiendra-t-il suffisamment de satisfaction pour qu'il ne soit pas obligé d'aller chercher ces plaisirs dans les bras d'une autre femme ou sur Internet. Niée dans sa façon d'être au monde ou accusée de vouloir tout compliquer, toute tentative de la *raisonner* la poussera à chercher auprès d'un collègue de travail l'écoute et la compréhension dont elle

---

[39] À noter que spirituel fait aussi référence à « avoir de l'esprit », i.e. s'exprimer de manière appropriée et amusante.

a besoin. Elle en déduira que son homme ne s'intéresse pas à elle ou qu'il ne le fait que lorsqu'il veut satisfaire ses plaisirs égoïstes. C'est du moins ce que de nombreuses femmes m'ont confié en consultation.

L'homme qui veut être heureux avec sa partenaire doit reconnaître, comprendre et accepter qu'elle ne pense pas, se sent pas et ne se vit pas tout à fait comme lui, qu'elle a accès à un monde inconnu de lui, que ses priorités ne sont pas limitées au plan physique et rationnel et qu'elle vit dans un monde subjectif. Il doit cesser de croire qu'elle est séduite et conquise une fois pour toutes et prendre le temps de l'écouter pour l'apprivoiser et vibrer sur la même longueur d'onde qu'elle. La femme reconnue dans son *être* s'ouvrira plus facilement au *faire* de l'homme. De nombreux auteurs mettent l'accent sur l'*être* plutôt que le *faire* ou l'*avoir*, confirmant ainsi la perception de la femme qu'*avoir* ou *faire* n'est rien si l'amour n'existe pas.

L'essentiel est invisible pour les yeux.
St-Exupéry

«Le cœur a des raisons que la raison ne comprend pas» illustre bien que Pascal avait compris la philosophie féminine. La femme est un être de relation avant d'être un être d'action. Elle y arrivera d'autant plus rapidement qu'elle sera aimée pour ce qu'elle est.

L'hérédité femelle

Nous savons que le code génétique de l'homme s'est stabilisé, il y a exactement 59 000 ans ; celui de la femme, il y a 143 000 ans. Du point de vue génétique, le sexe femelle est le sexe de base et le sexe mâle, une stratégie évolutive pour assurer la survie de la femelle. Contrairement à la croyance de Simone de Beauvoir[40], la science nous prouve hors de tout doute possible que c'est

---

[40] De Beauvoir, Simone, Tome 1 : *Deuxième sexe : les faits et les mythes,* Tome 2 : *Deuxième sexe : l'expérience vécue,* Paris, Gallimard, 1949.

plutôt le mâle qui constitue le deuxième sexe. Il s'agit d'observer la Nature pour se rendre compte jusqu'à quel point le mâle ne sert, dans 92 % des espèces animales, qu'à la reproduction et que nombre d'entre eux sont sacrifiés dès leur mission biologique accomplie.

Pour mieux comprendre la femme moderne, retournons à nouveau à l'ère paléolithique. Débutée il y a trois millions d'années, cette période s'est terminée, il y a 12 000 ans, avec notre ancêtre commun, l'*homo sapiens*, apparut sur terre il y a plus de 200 000 ans. Curieusement, le mot *sapiens* signifie intelligent, sage, raisonnable et prudent, soit tout ce que priorise l'homme d'aujourd'hui, contrairement à la femme qui priorise le monde subjectif de l'intimité, du relationnel et du spirituel.

Qu'était et comment vivait la femme (la femelle), il y a quelque 143 000 ans ? Elle est nomade et se nourrit de chasse et de cueillette, tout comme son compagnon. Toutefois, sa survie en tant qu'individu dépend de sa relation à un mâle fort, pourvoyeur et prêt à la défendre contre tous les prédateurs de l'époque, y compris contre les autres tribus et espèces humaines. Pendant qu'il va à la chasse, elle s'occupe de la cueillette (baies, champignons, racines…), de la préparation des aliments, de la confection des vêtements et de la survie des petits. L'espérance de vie ne dépasse pas 25 ans.

« La femme souvent enceinte, vivant dans la caverne avec les autres femmes et enfants, devant apprendre à cohabiter dans un espace restreint, anticipant tout danger potentiel, surveillant le feu, nourrissant ses enfants à même ses réserves corporelles, attendant les chasseurs pour refaire ses forces, paniquant au moindre bruit suspect, cueillant tout ce qui est comestible, goûtant à tout, se réconfortant l'une l'autre, développant ainsi sa force émotive et ses sens… Tout ça conditionne une femme et s'inscrit dans sa nature[41]. »

Tout ça vécu pendant des centaines de milliers d'années n'a pu que créer des atavismes[42] qui se sont finalement inscrits dans l'hérédité femelle : l'instinct nourricier et protecteur, en contrôle de son environnement rapproché. Ce qu'elle est encore aujourd'hui comme nous le prouve le grand nombre de femmes impliquées dans les mouvements socialisants, les mouvements de protection de l'environnement, les mouvements ésotériques (mode spirituel) et le monde des aidants naturels.

Nos conditions de vie ont certes grandement évolué depuis 12 000 ans, moment où nous sommes passés du nomadisme à la sédentarité, et surtout depuis cent ans, moment où nous sommes passés, dans les pays développés, de sociétés agricoles et industrielles à des sociétés post-technologiques basées sur l'échange d'information. Nos conditions de vie ont changé, mais notre code génétique est resté le même : nous réagissons instinctivement selon des atavismes datant de l'âge des cavernes. Ces cavernes ont été remplacées par des maisons, mais nos comportements ont peu évolué. On ne change pas l'hérédité humaine (son code génétique et son ADN) comme ça, en claquant les doigts ou selon les croyances d'un mouvement idéologique même égalitaire.

---

[41] Dallaire, Yvon, *Moi aussi… Moi… plus. 1 001 différences homme –femme*, Éd. Option Santé, Québec, p. 16.

[42] Atavisme : une prédisposition conditionnée avec le temps à certains comportements.

Cet instinct nourricier – protecteur se manifeste de multiples façons chez la femme moderne :

1. Demandez à une femme ce qu'elle ferait s'il ne lui restait qu'un an à vivre et elle vous dira probablement, comme 90 % de mes clientes, qu'elle cesserait de travailler et se rapprocherait des personnes qu'elle aime pour passer plus de temps avec eux et s'occuper encore mieux d'eux. Ceci démontre bien que la relation est au centre de la vie des femmes et que l'expression « maman poule » va très bien à la majorité des femmes.

2. Si, en plus, vous lui demandez ce qu'elle ferait en se rapprochant ainsi des membres de son entourage, plusieurs vous diront qu'elles se mettront à leur service pour répondre à leurs besoins et d'autres vous diront qu'elles partiraient en voyage avec eux (confirmant l'aspect nomade de la nature humaine). À savoir si elle partirait avec son compagnon, plus qu'avec ses enfants, ami(e)s ou parents, dépend de la qualité de la relation qu'il aura entretenue avec elle.

Les femmes se sentent puissantes lorsqu'elles peuvent rendre service.
Déborah Tannen

3. Lorsque les hommes des cavernes partaient à la chasse, parfois pour plusieurs jours, les femmes se retrouvaient entre elles et avec les enfants. Elles s'occupaient à faire de la caverne un endroit convivial et elles surveillaient constamment l'environnement à la recherche du moindre danger potentiel. Dès que l'une d'entre elles entendait un bruit bizarre, constatait un changement dans l'environnement, voyait quelque chose bouger… elle s'empressait d'alerter l'entourage, car si un prédateur (bête ou homme) s'approchait subrepticement, il pouvait constituer un

danger mortel. Cela peut expliquer (aussi) pourquoi les femmes sont plus attentives aux moindres détails et font facilement des scénarios de catastrophe. Et pourquoi, encore aujourd'hui, les femmes s'occupent davantage des enfants et les préviennent de tous les dangers potentiels, qu'elles ont parfois tendance à exagérer (selon de nombreux hommes). Bien gérée, cette surveillance devient une excellente attitude préventive; mais poussée à l'extrême, elle devient une source inépuisable de phobies, mène à l'hyper contrôle ou se développe en trouble obsessionnel compulsif (TOC)[43].

4. Les femmes pratiquaient la cueillette et préparaient la nourriture. Ce sont encore elles qui, aujourd'hui et dans la plupart des familles, vont «cueillir» les aliments à l'épicerie et s'occupent de la préparation des repas pour leur famille. Même si la majorité des grands chefs cuisiniers sont des hommes, ils sont à la maison rarement plus que des aides-cuisinières.

5. Les filles et les femmes s'investissent davantage – malgré des concours *Chapeau, les filles!*[44] – dans des professions «au service des autres» ou des professions de soins: secrétariat, assistance sociale, éducation spécialisée, sciences infirmières, puériculture, enseignement, psychologie, médecine, … des professions ou l'entraide, plutôt que la compétition, constitue la première caractéristique. Et leur carrière passe en second, après leur famille, comme nous le prouve le nombre incroyable

---

[43] Quoique le TOC touche également les hommes et les femmes, il est intéressant de noter que la phobie de la saleté, le lavage des mains et les vérifications obsessives sont plus fréquemment féminines que les obsessions sexuelles qui sont plus fréquentes chez les hommes.

[44] *Chapeau, les filles!* est un concours annuel organisé par le Ministère de l'éducation du Québec: http://www.mels.gouv.qc.ca/chapeau/ page consultée le 01 septembre 2010.

de femmes qui préfère travailler à temps partiel lorsque les mesures de conciliation travail – famille ne sont pas suffisamment adaptées.

6. La cueillette, contrairement à la chasse, n'est pas une affaire de «tout ou rien»: tuer ou être tué. Pour chasser, les hommes forment des groupes d'autant plus importants que le gibier visé est gros. Pour la cueillette, point nécessaire d'avoir un plan ou d'y aller à plusieurs et l'on peut ramasser un peu, beaucoup, énormément. Par contre, mieux vaut y aller à deux ou trois pour surveiller les prédateurs potentiels (tigres, hyènes, serpents…). Et si les petits groupes de cueilleuses sont toujours formés des mêmes femmes, il se développe alors un langage commun pour se surveiller l'une l'autre et se prévenir de l'importance du danger. Encore aujourd'hui, les filles et les femmes ont quelques amies intimes et à vie, alors que les hommes développent davantage des amitiés circonstancielles et en réseaux, comme pour le temps d'une chasse.

7. Lors de divorces controversés, la garde des enfants est confiée à la mère dans une proportion de plus de 80%, confirmant la croyance ancestrale que les femmes sont mieux placées que les hommes pour s'occuper, nourrir et protéger les enfants. Lors de ces divorces, des femmes malsaines exagèrent leur crainte que leurs enfants soient maltraités par leur père et feront tout (y compris parfois de fausses allégations) pour s'en assurer la garde.

8. Le fait que seules les mères peuvent biologiquement nourrir leur bébé au sein pourrait expliquer le grand désir de certaines de « rester à la maison (la caverne) » auprès de ses jeunes enfants tout le temps ou le plus longtemps possible

après une grossesse. Les centaines de milliers d'années à s'occuper des enfants expliquent l'attroupement général et la montée d'attendrissement des femmes lorsqu'elles se retrouvent devant un nouveau-né, de n'importe quel nouveau-né, humain ou animal. Ainsi que la tendance des femmes ménopausées à jouer à la mère nourricière avec ses petits-enfants.

Pour être heureux à long terme avec la femme qu'il a sélectionnée (ou qui l'a sélectionné), l'homme n'a pas le choix : il doit accepter ce que j'appelle la «mamante» qui existe dans sa partenaire, la nourricière – protectrice conditionnée par sa mission biologique et confirmée par ses atavismes et par son éducation. Il doit cesser de croire qu'elle le prend pour un petit garçon lorsqu'elle lui donne des conseils non sollicités, lorsqu'elle vérifie s'il est bien habillé, lorsqu'elle lui demande s'il n'a pas oublié quelque chose, lorsqu'elle lui dit de faire attention, lorsqu'elle veut savoir comment il se sent ou à quoi il pense... Tout ça, pour une femme, ce sont des preuves d'amour, de sollicitation et d'entraide, des preuves qu'elle s'intéresse à son partenaire et veut son bien-être. C'est son altruisme égoïste. L'homme devrait, au contraire, s'alarmer lorsqu'elle le laisse trop en paix.

La survie physique dépend certes de l'alimentation, de la défense du territoire, de la sexualité et du confort matériel, domaines traditionnellement investis par les hommes, mais que serait la vie si elle ne consistait qu'à bouffer, se défendre, se reproduire et accumuler des biens. De tout temps, les femmes se sont aussi préoccupées de leur survie physique et de celle de leur progéniture, mais elles se sont aussi, sinon surtout, préoccupées du bien-être émotif et psychologique de leur entourage, parfois au détriment du leur. Reconnaître la fonction «maternante» de sa partenaire, c'est reconnaître une grande part de sa féminité. Cette femme ne pourra qu'être reconnaissante envers l'homme qui la confirmera ainsi dans son être et dans sa façon d'être en relation avec lui et avec les autres.

Je trouve particulièrement triste et malheureuse l'idée féministe radicale qui affirme que la femme ne sera libre que le jour où elle se libérera de sa maternité et du mariage. Que des femmes ne veuillent pas avoir d'enfants, c'est leur choix. Mais demander aux femmes de cesser d'être des êtres de relation (maternelle, amoureuse et sexuelle), il y a là un pas que toute femme saine refusera de faire. La femme saine veut se réaliser en trouvant un partenaire de vie avec lequel remplir sa mission biologique. Ce qui ne l'empêche nullement de se réaliser aussi comme professionnelle, tout en préservant un espace pour ses activités personnelles et sociales. L'homme sain et heureux fera tout pour l'y aider et travaillera lui aussi à trouver un meilleur équilibre famille – travail, tant pour lui que pour sa partenaire et ses enfants. La société ne s'en portera que mieux : les hommes sains et les femmes saines savent que l'autre sexe est leur meilleur ami et qu'ils ont avantage à travailler ensemble plutôt que l'un contre l'autre dans une stérile et puérile guerre des sexes.[45]

La principale menace à l'égalité s'avère... les enfants.
E. Fox-Genovese

---

[45] Vous trouverez d'autres citations de ce genre au chapitre 2 : Les femmes qui haïssent les hommes dans *Homme et fier de l'être*, Option Santé, 2001.

La pensée féminine

À la fin de mon adolescence, j'étais convaincu que l'homme était rationnel et la femme, intuitive. Je n'y voyais aucun mal, seulement deux façons de penser qui possédaient chacune leur richesse. J'avais même appris que ces deux modes de pensée étaient complémentaires. Je savais que la femme était contrôlée par ses hormones, d'où ses humeurs changeantes. Puis, lors de ma formation en psychologie, sous l'influence du behaviorisme[46], j'appris que tout cela était faux, que tout était une question de conditionnement, qu'il était erroné de prétendre que « la nature est le destin ». À cette époque, et encore aujourd'hui dans certains

Plus un mensonge est gros et plus il est répété souvent, plus il finit par être cru.

milieux, pour être *politically correct*, il fallait adhérer au nouveau credo qui affirmait que : « la culture est le destin ». C'est Simone de Beauvoir (encore elle !) qui en fut le plus bel exemple en répétant que : « On ne naît pas femme, on le devient. » Et, je l'avoue, j'y ai adhéré un long moment, tout comme j'ai adhéré à d'autres formulations théoriques sur la communication qui était censée régler tous les conflits conjugaux.

J'arrive à la fin de ma carrière et je rigole un peu lorsque je repense à la naïveté du jeune homme que j'étais alors. Non pas que je le condamne, au contraire, il était à la recherche de la *vérité* et faisait confiance à ses professeurs, lesquels étaient tous de bonne foi, cherchant eux aussi à comprendre. Mais la psychologie a grandement évolué depuis ce temps et les nouveaux

---

[46] La théorie béhavioriste fait du comportement observable l'objet même de la psychologie, théorie dans laquelle l'environnement est l'élément clé de la détermination et de l'explication des conduites humaines. La nature de l'individu y est sous-estimée au profit d'une grande valorisation de l'environnement culturel. Ce mouvement fut particulièrement populaire au milieu du siècle dernier. Qui n'a pas entendu parler du chien de Pavlov ? Pour un résumé succinct : http://fr.wikipedia.org/wiki/B%C3%A9haviorisme. Page consultée le 16 janvier 2009.

outils technologiques nous ont permis de développer de nouvelles théories psychologiques, dont la neuropsychologie et la
psychologie évolutionniste, théories qui remettent certaines
conclusions récentes en question et qui confirment certains
concepts plus anciens. Ces concepts, malgré leurs bases scientifiques, sont parfois qualifiés de rétrogrades, de patriarcaux ou,
pire, de sexistes.

Aujourd'hui, grâce au PET et à l'IRMf, il est possible de
démontrer que l'homme raisonne logiquement et la femme,
en plus, intuitivement. Les deux sont évidemment capables de
raison, mais les moyens pour y arriver divergent quelque peu et
donnent des résultats variables. Ces observations scientifiques
sont réalistes et loin d'être sexistes, au contraire. Elles permettent de mieux comprendre certaines caractéristiques sexuelles
et d'en faciliter le respect mutuel. Non invasif, l'examen par
IRMf est de plus en plus utilisé en neurosciences cognitives
parce qu'il nous permet de mesurer en temps réel l'activité des
zones cérébrales. Ce qui fait qu'aujourd'hui nous connaissons
mieux les bases neurologiques de la pensée et nous pouvons
affirmer que le cerveau unisexe n'existe pas ; il possède un
sexe, mâle ou femelle. Oui, le cerveau est malléable, très malléable, mais il y a des limites à cette malléabilité.

J'ai déjà énuméré les principales propriétés du cerveau féminin
et du cerveau masculin. Qu'il suffise de rappeler que les parties
du cerveau féminin sont en continuelles interrelations et que
ce cerveau est plurifonctionnel, ce qui n'est pas le cas pour le
cerveau masculin. Ces interrelations et cette plurifonctionnalité
sont les fondements d'un cerveau intuitif. L'intuition est cette
capacité qu'une personne possède de *sentir* ou de *deviner* des
choses et d'arriver à des conclusions sans passer par le processus

de la déduction aristotélicienne. Rares sont les hommes qui ont ce genre d'intuitions. Par contre, les hommes qui ont développé cette intuition se sont souvent écriés, à l'instar d'Archimède : « Eurêka ! » (« J'ai trouvé »). De grands génies hommes ont su développer cette intuition : Newton, Darwin, Freud, Einstein et Pasteur (dont plusieurs inventions devraient plutôt être attribuées à sa femme).

Ces nouvelles découvertes nous permettent de mieux définir le processus de la pensée féminine, lequel possède trois caractéristiques fondamentales.

1. Quoique toute femme puisse très bien procéder de façon linéaire (logique) en partant du point A pour arriver au point E en passant dans l'ordre par les points B, C et D, elle fonctionne aussi de façon non séquentielle comme nous le prouve la réflexion suivante d'une femme à propos de son avant-midi.

> « Bon, ce matin, je vais aller porter ton complet chez le nettoyeur. Je voulais le laisser hier, mais j'ai été retenue à la réunion jusqu'à six heures. Ensuite, puisque je serai toute proche, je vais passer par le magasin pour rapporter ce pantalon que j'ai acheté la semaine dernière ; tu sais, celui qui a une petite tache, juste là, sur le devant. En réalité, je devrais peut-être aller au magasin d'abord, parce qu'il y aura moins de monde, puis passer chez le nettoyeur après. Oui, je pense que ça va aller mieux ainsi. C'est tellement difficile de stationner au mail, quand c'est achalandé. Oh ! j'ai presque oublié, j'ai promis à Claudette de lui donner le numéro de téléphone de mon acupuncteur. Je ferais mieux d'aller l'écrire. Où est-ce que j'ai laissé mon agenda ? Chéri, as-tu vu mon livre de

rendez-vous quelque part ? Bon, voyons ! La dernière fois que je l'avais, c'est quand je parlais au téléphone, dans la cuisine...»

Sans dire que Madame fait du coq à l'âne, elle va d'une idée à une autre, revenant sur la première, en ajoutant une nouvelle... lui permettant ainsi, tranquillement, de planifier son avant-midi, planification qui peut changer du tout au tout si, par exemple, une copine lui propose une activité. Non seulement la femme pense-t-elle de façon non séquentielle, mais elle agit aussi souvent de la même façon. On peut facilement le constater lors d'une activité que la majorité des femmes adorent et que la plupart des hommes abhorrent : le magasinage. Rares sont les femmes qui, autre exemple, vont suivre les flèches imprimées au sol lors du salon annuel de l'habitation. Elles vont là où leur attention les attire.

Cette manière de pensée et de dire peut sembler incongrue et désordonnée à bien des hommes, mais elle manifeste beaucoup de flexibilité. L'homme peut trouver que sa partenaire parle trop mais, que voulez-vous, la plupart des femmes pensent à voix haute. L'homme aurait plutôt eu tendance à dire : «Chérie, j'ai une foule de choses à faire ce matin ; je te reverrai plus tard». Ce qui peut donner à sa partenaire l'impression qu'il lui cache quelque chose.

2. Nous savons que le cerveau de la femme fonctionne comme un radar et qu'il est, de ce fait, plurifonctionnel : plusieurs petites lumières peuvent être allumées en même temps sur l'écran radar. L'on sait aussi que l'intuition est la capacité de mettre en commun des choses qui, en apparence, ne sont pas reliées entre elles. Comment expliquer autrement que,

dans l'exemple ci-dessus, la « lumière » Claudette se soit allumée tout d'un coup, alors qu'elle pensait au nettoyeur. Et, quelle coïncidence, le téléphone sonne et... c'est Claudette qui l'appelle pour lui redemander le numéro de téléphone de son acupuncteur : deux radars qui se croisent et que l'une confirmera en disant : « Je pensais justement à toi et je venais de demander à mon chéri... »

La vie de nombre de femmes est remplie de telles coïncidences. De là à dire que la femme peut prédire l'avenir, il n'y a qu'un pas que de nombreuses cartomanciennes, diseuses de bonnes aventures, tireuses de tarot, auteures d'horoscopes et autres ésotériques[47] se sont empressées de franchir. Si ces dernières prédisent surtout des bonnes nouvelles, il n'en va pas de même dans la vie de tous les jours où certaines femmes vont plutôt « avoir des intuitions » que quelque chose va mal aller, qu'une catastrophe est imminente, que ses pires cauchemars risquent de se réaliser. Elles appellent ces intuitions des « pressentiments[48] ».

3. La pensée féminine fonctionne selon des règles variables et changeantes, ce qui la rend très spontanée. L'homme ne change pas ce qui fonctionne bien ou a déjà bien fonctionné. La femme adore changer et trouver de nouvelles façons de faire les choses. Cela est particulièrement vrai dans le domaine de la sexualité où la femme déteste entendre son partenaire lui faire part de son désir de faire l'amour « ce » soir et encore plus de toujours faire l'amour de la même manière, selon la même séquence et toujours à la même

---

[47] Aviez-vous observé qu'il y a beaucoup plus de femmes dans le monde de l'ésotérisme ?

[48] Personnellement, les pressentiments de ma partenaire m'ont souvent été utiles en affaires.

place. Elle préfère l'amour spontané et quand tous les dangers potentiels (enfants ou voisins qui peuvent entendre, rancunes relationnelles…) sont éliminés. Autre exemple : elle ira magasiner pour le plaisir de magasiner, sans qu'elle ait nécessairement quelque chose de précis à acheter. Elle sait que son radar lui fera découvrir de superbes aubaines.

L'homme sain comprend que sa femme n'a pas besoin de raisons pour agir, qu'elle n'est pas toujours, comme lui, *goal oriented* (orientée vers un résultat), qu'elle peut partager ses pensées pour le seul plaisir de les partager et d'être en relation d'intimité avec son interlocuteur, qu'elle est dans l'échange et non dans l'argumentation, laquelle est si stimulante pour les hommes.

La pensée de la femme est donc non séquentielle, d'où sa grand flexibilité, et intuitive, d'où sa capacité de pressentir les sentiments des autres ou les événements à venir. De plus, cette pensée fonctionne selon des règles variables, ce qui signifie qu'elle peut être d'une logique implacable et à l'épreuve de toute argumentation, mais aussi être très spontanée et imprévisible.

La communication au féminin

J'ai énoncé ci-dessus que, lors de ma formation en psychologie, j'avais appris que la communication pouvait régler tous les conflits conjugaux. D'ailleurs la thérapie conjugale classique est basée sur la résolution de conflits à partir d'une communication dite efficace. La communication efficace fut élaborée par l'analyse transactionnelle d'Éric Berne. Aujourd'hui, on parle plutôt, à l'instar de Rosenberg aux États-Unis, de communication non violente (cnv). D'après ces auteurs, la communication permet de mieux se comprendre, de mieux se connaître et ainsi de mieux s'aimer : la communication serait donc la clé du bonheur et particulièrement la clé du bonheur conjugal. Mon expérience personnelle et mon expertise professionnelle m'amènent parfois à penser que ceux qui possèdent bien les outils de cette communication efficace et non violente sont ceux qui réussissent le mieux à faire passer leur point de vue, pour ne pas dire à *imposer* leur point de vue.

Bernard Werber écrit dans sa *Nouvelle encyclopédie du savoir relatif et absolu* :

> Entre ce que je pense
> Ce que je veux dire
> Ce que je crois dire
> Ce que je dis
> Ce que vous avez envie d'entendre
> Ce que vous croyez entendre
> Ce que vous entendez
> Ce que vous avez envie de comprendre
> Ce que vous croyez comprendre
> Ce que vous comprenez
> Il y a dix possibilités qu'on ait
> des difficultés à communiquer.
> Mais essayons quand même...

Essayons quand même, mais cessons de croire que la communication possède la toute puissance de compréhension mutuelle que plusieurs voudraient lui attribuer. On ne peut pas ne pas communiquer – même le silence signifie quelque chose – mais l'homme qui se veut heureux en amour doit comprendre que les femmes ne communiquent pas de la même manière, dans le même contexte et pour les mêmes objectifs que lui. Écoutez les femmes discourir entre elles et vous remarquerez que le contenu, le ton employé et le vocabulaire diffèrent du discours masculin.

Les problèmes de communication sont l'un des motifs de consultation les plus souvent invoqués par les couples en difficulté. En fait, la majorité ne présente aucun problème de communication ; ils sont plutôt aux prises avec un problème de consensus. Et pourquoi n'y arrivent-ils pas ? Parce que, selon Gottman et son équipe de chercheurs[49], 69 % des problèmes conjugaux sont insolubles. Chercher à résoudre des conflits insolubles ne fait alors que polariser ces conflits et, à la longue, entraîne le couple vers le fond plutôt que de l'amener à une véritable communion des corps et des âmes. La résolution de conflits par la communication donne généralement de bons résultats à court terme, mais elle est insuffisante pour assurer l'harmonie conjugale à long terme ou pour sauver un couple au bord du précipice. Les membres des couples heureux utilisent la communication pour la gestion, et non la résolution, des conflits. Et ils savent que l'on peut être heureux, même si l'on n'est pas d'accord sur tout.

Hommes et femmes ne parlent pas tout à fait la même langue ; ils n'accordent pas non plus aux mots et aux intonations la même valeur et, surtout, leurs tentatives de communication n'ont pas la même motivation puisque leurs priorités de vie ne se présentent pas dans le même ordre. La femme communique surtout pour le plaisir de communiquer, entretenir la relation, créer une intimité et non seulement pour obtenir ou transmettre une information. Parler pour parler, surtout de la qualité de la relation, est une activité plutôt féminine que beaucoup d'hommes exècrent. Oui, les femmes peuvent *parler dans le dos* des autres, mais elles parlent plutôt *au sujet* des autres afin de créer de l'intimité.

[49] GOTTMAN, John et SILVER, Nan, *Les couples heureux ont leurs secrets*, Paris, J.C Lattès, 1999.

Messieurs, tendez l'oreille lors des prochaines conversations téléphoniques de votre partenaire et, si vous écoutez vraiment, vous constaterez ce qui suit.

1. Les femmes s'échangent de l'information subjective : elles disent ce qu'elle pensent ou ressentent face aux événements ou aux personnes qui les entourent ; elles ne se limitent pas à la description de faits concrets.

2. Tout est prétexte à l'échange et, chaque fois, elles en profitent pour faire le tour de tout ce qui s'est passé depuis leur dernière conversation.

3. Elles communiquent sur des thèmes intimes : enfants, amour, sexualité, émotions (négatives et positives), récriminations, problèmes de santé, le vécu des autres.

4. Leurs conversations se font sur le mode « Moi aussi... » : « Moi aussi, j'ai déjà vécu ça ! », « Je suis d'accord avec toi », « Il est arrivé la même chose à... ».

5. Elles passent facilement d'un sujet à l'autre et abordent plus d'un sujet : rares sont les silences lors d'une conversation entre femmes.

6. Elles parlent souvent en même temps, généralement pour rajouter ou confirmer ce que vient de dire leur interlocutrice.

7. À l'intonation, vous pouvez deviner que la personne à l'autre bout du téléphone est en train de parler d'un sujet comique ou dramatique.

8. Elles se réconfortent l'une l'autre.

9. Ce sont rarement elles qui, lors de rencontres sociales, commencent à raconter des blagues.

10. Leur objectif est d'entretenir et d'approfondir leurs relations avec leurs parents ou amis et elles ont beaucoup de plaisir et de satisfaction à le faire.

L'homme aurait avantage à mettre en pratique les dix règles de communication suivantes, règles qui tiennent compte de la nature féminine et qui créent un climat de confiance facilitant l'ouverture de sa partenaire... et minimisant ses réactions d'insécurité ataviques (peur d'être rejetée, de ne pas être aimée, de ne pas être prise en compte...).

1. Cessez de vous sentir « attaqué » lorsqu'elle vous dit : « Chéri, parle-moi » ou « Il faudrait qu'on se parle ». Tout ce qu'elle veut, c'est entrer en contact avec vous, même si vous avez l'impression qu'elle vous critique.

2. Ne lui donnez pas de solutions. Sa solution à elle, c'est de vous parler de ce qu'elle vit ou ressent et ce qu'elle veut, c'est d'être écoutée et, si possible, comprise.

3. Apprivoisez vos émotions en acceptant d'en parler avec elle. Contrairement à vous, elle a apprivoisé ses émotions depuis des millénaires... en en parlant, en les comparant, en les confrontant, en demandant aux autres ce qu'ils en pensaient. Être émotif n'est pas synonyme de faiblesse, mais une preuve que vous êtes en contact avec votre monde intérieur.

4. Cessez de la sous-estimer. Arrêtez de croire qu'elle est incapable de prendre soin d'elle ; elle n'a pas besoin d'un sauveur, mais d'un interlocuteur.

5. Osez vous exprimer. Les femmes préfèrent entendre des propos qui risquent de lui déplaire plutôt que le silence. N'écoutez surtout pas le conseil de Patrick Huard[50], car, pour la femme, le silence est la pire violence psychologique qu'on puisse lui faire.

La femme dramatise le silence et le vide.

6. Regardez-la quand elle parle : les yeux sont le miroir de l'âme (mode spirituel) et elle fait tout pour attirer votre attention.

7. Demandez-lui ce qu'elle en pense… avant de passer à l'action. Je me rappellerai toujours le client qui, croyant faire une belle surprise à sa femme en achetant à son insu un chalet au bord d'un lac, fut étonné de la voir pleurer : pour elle, ce chalet représentait une deuxième maison à entretenir alors qu'elle aurait préféré visiter un nouvel endroit à chaque période de vacances.

8. Soyez diplomate. Les femmes écrivent entre les lignes et passent par la bande pour ménager la susceptibilité de leurs interlocuteurs, ce que ne font pas les hommes qui expriment directement ce qu'ils ont à dire, au risque de déplaire. Essayez de « deviner » ce qu'elle essaie de vous dire. Soyez subtil !

---

[50] Patrick Huard est un humoriste québécois dont l'un de ses monologues s'intitule *Ferme ta gueule* : http://www.youtube.com/watch?v=nUkHn4V_iAY, page consultée le 01 août 2010.

9. Pratiquez l'écoute active[51]. Recevoir les dires de votre partenaire en faisant «oui» de la tête ne signifie pas approuver ses dires, mais que vous les entendez, à défaut de les comprendre. Pourquoi croyez-vous que tant de femmes consultent des psychologues?

10. Prenez l'entière responsabilité de *vos* émotions et de *vos* réactions, car celles-ci proviennent de *votre* interprétation de ses dires ou actions, et non de ses comportements. Lorsqu'elle arrive en retard, par exemple, vous pouvez certes être en colère, mais vous auriez aussi pu ressentir de la peur (a-t-elle eu un accident?), de la tristesse (parce que vous vous sentez seul) ou de la culpabilité (comment se fait-il qu'elle arrive de plus en plus souvent en retard). Mais vous auriez pu être content parce que cela vous a permis de terminer l'écoute de votre partie de football. À vous de décider ce que vous voulez vivre comme type de relation amoureuse.

Ces règles ou stratégies, à l'usage des hommes conscients de l'influence qu'ils ont sur leur partenaire, tiennent compte des caractéristiques de la féminité et du fonctionnement féminin. Lorsqu'il y a des «problèmes de communication», il faut voir ces problèmes comme un symptôme et non comme la cause des conflits conjugaux. Le problème ne réside pas dans la communication comme telle, mais plutôt dans l'ignorance des codes sexués de communication. C'est comme si l'homme et la femme n'appliquaient pas les mêmes règles du jeu. L'homme

---

[51] Développée par Carl Rogers, l'écoute active consiste à mettre en mots les émotions et sentiments exprimés de manière tacite ou implicite par l'interlocuteur. L'écoute active est aussi appelée écoute bienveillante.

sain accepte, non pas de réprimer ses valeurs intrinsèques, mais d'apprendre les règles du jeu de l'autre, lui permettant ainsi d'avoir plus de plaisir à jouer (communiquer) avec sa partenaire.

La vie émotive des femmes

Les neurologues ont découvert que l'hémisphère gauche (analytique) est plus développé chez les femmes et l'hémisphère droit (émotif), plus développé chez les hommes. Ces différences sont dues à l'effet des hormones sexuelles dans lesquelles le cerveau baigne dès les premières semaines de vie intra-utérine. Pourquoi alors croit-on que les hommes sont plus rationnels que les femmes ? Tout simplement parce que le centre de la parole, situé dans l'hémisphère gauche est moins accessible à cause de la faiblesse de son corps calleux et dû au fait que ses neurones possèdent 12 à 13 % moins de dendrites. De plus, certaines parties de l'hypothalamus, plus développées chez l'homme, sont axées vers l'action. L'homme agit donc ses émotions plus qu'il n'en parle.

À cause de la structure de son cerveau et de ses hormones, la femme vit de nombreux changements hormonaux. Ses oestrogènes sont à mettre en cause, quoi que l'amplitude des changements ne soit pas aussi grande que dans le cas de la progestérone. La seule différence d'une femme à l'autre, c'est l'intensité des tempêtes hormonales. Aucun homme, une fois passé sa poussée de testostérone de la puberté, ne vivra autant de changements hormonaux qu'une femme.

L'influence des hormones sur la vie émotive des femmes a été merveilleusement bien étudiée par la psychiatre et neurologue Louann Brizandine, fondatrice et directrice de la *Women's Mood and Hormone Clinic* (San Francisco, Californie), centre médical spécialisé dans la santé des femmes. Les résultats des recherches de son équipe ont été rapportés dans son livre *Les secrets du cerveau féminin*, publié chez Grasset en 2006. Voici un résumé des principaux secrets que tout homme qui veut vivre en paix avec une femme devrait connaître.

Enfance et adolescence
- Les filles naissent pour la contemplation mutuelle et sont davantage attirées par les visages plutôt que par les objets.
- Le développement du cerveau féminin devance de deux ans celui du cerveau masculin.
- Le cerveau des filles est programmé pour assurer l'harmonie et la paix sociale.
- Toutes les adolescentes vivent un véritable psychodrame relationnel, lequel peut s'intensifier ou s'adoucir avec le temps.
- Au plan strictement biologique, le développement pubertaire a comme mission de rendre la jeune fille sexuellement désirable. C'est pourquoi elles se préoccupent tant de leur apparence physique[52].
- Le cerveau féminin adolescent disjoncte régulièrement, d'où les nombreuses crises pour des «riens».

Âge adulte
- Les hormones agissent si fortement sur le cerveau féminin qu'elles créent une réalité difficilement compréhensible pour les hommes.
- Le ratio des dépressions féminines est le double de celui des hommes.
- La réalité hormonale et neurologique d'une femme est beaucoup moins constante que celle d'un homme.

---

[52] D'où le phénomène d'hypersexualisation que l'on rencontre de nos jours chez nombre d'adolescentes et qui fait réagir autant les pères que les féministes.

- Des situations ordinaires de la vie, comme des factures impayées, peuvent être vécues par la femme comme un véritable stress mettant leur vie en danger.
- Plus la femme – mère sera calme et sécurisée, mieux se porteront ses enfants.
- L'ocytocine, que les femmes secrètent en quantité industrielle, est une neurohormone qui déclenche l'intimité et dont la production est stimulée par toute relation d'intimité (amicale, maternelle, amoureuse, sexuelle). On la surnomme l'hormone de l'attachement.
- Le cycle menstruel passe par plusieurs phases dont la dernière, les règles, décharge les tensions du syndrome prémenstruel et ravive plusieurs parties du cerveau.
- «Soigner ou copiner» serait l'équivalent féminin de la réaction atavique masculine «fuite ou combat».
- «Les femmes sont moins intéressées par le physique séduisant d'un mari potentiel que pas ses ressources matérielles et son statut social.» (p. 113)
- Les femmes ont confiance aux hommes qui leur prodiguent plus de caresses, car cela stimule leur production d'ocytocine et de dopamine (hormone du plaisir).
- Le cortisol ou hormone du stress bloque la production d'ocytocine et tout désir de contact physique et sexuel. D'où son besoin d'exprimer toute préoccupation et d'être écoutée avant de redevenir désirante et sexuellement réceptive.
- La communication compte pour la femme autant que le sexe pour l'homme.
- L'angoisse est quatre fois plus fréquente chez les femmes. Il en va de même pour les phobies.

La maternité

- La maternité transforme complètement le corps ET le cerveau de la femme. L'afflux important de progestérone modifie son cerveau de façon structurelle et fonctionnelle. Toute nouvelle mère, antérieurement femme de carrière, pourra vous l'expliquer.
- L'odeur d'un bébé déclenche la production d'ocytocine et limite celle du cortisol. Ce qui expliquerait le calme apparent des mères bien dans leur peau.
- Les mères peuvent reconnaître leur bébé à leur odeur.
- Les phéromones produites par la femme enceinte peuvent stimuler le syndrome de la couvade[53] chez le père.

Ménopause et post-ménopause

- La femme ménopausée pense davantage à elle-même. Elle devient de plus en plus « égoïste saine » et apprécie davantage leur liberté et leur solitude.
- La production d'ocytocine est mise en veilleuse pendant et après la ménopause.
- À 60 ans, le taux de testostérone, hormone du désir sexuel, a chuté de 60 % par rapport à celui de la femme de 20 ans. Par contre, la prescription de testostérone à faible dose ravive leur désir masturbatoire et accélère leur réaction orgasmique.
- L'esprit de conciliation diminue chez les femmes ménopausées, tandis qu'augmente leur capacité d'argumentation. D'empathique, elle devient plus irritable et colérique.

---

[53] Pour en savoir davantage sur les différents aspects du syndrome de la couvade, consultez les sites suivants : http://www.planet.vertbaudet.com/la-couvade-du-papa-cherie-je-crois-que-j-ai-pris-un-peu-de-poids.htm et http://en.wikipedia.org/wiki/Couvade_syndrome, pages consultées le 1er août 2010.

- Les femmes qui ne sont pas heureuses dans leur couple vivent une ménopause plus difficile.
- À la ménopause, les femmes ont un risque de dépression quatorze fois plus élevé que la normale et cette dépression peut survenir abruptement, sans raison externe.
- La diminution ou l'arrêt de production de certaines hormones rend la femme ménopausée beaucoup moins émotive et impulsive : elle devient de plus en plus rationnelle.
- Certaines femmes ménopausées « choisissent » de devenir une grand-mère protectrice.

Il est évident que la biologie féminine influence considérablement sa réalité, mais la femme peut tout de même apprendre, non pas à s'en libérer, mais à mieux en gérer l'importance. Surtout si elle vit avec un compagnon bienveillant, patient et compréhensif à ses côtés et qu'elle est consciente des effets de sa biologie sur sa personnalité et son comportement. N'oublions pas que le cerveau est malléable. En comprenant mieux sa biologie, elle peut mieux la gérer, sinon la maîtriser, et mieux expliquer à son partenaire ce qui se passe en elle.

« Qu'as-tu fait de ma femme ? » dit un mari à sa femme ménopausée.
Louann Brizendine

Que peut faire l'homme dans toute cette histoire dont il ne connaît ni les tenants ni les aboutissants ? Beaucoup, autant en tant que père, partenaire, ami ou collègue. Il peut confirmer sa petite fille et son adolescente dans leur féminité naissante en agissant de façon plus appropriée à sa nature. Il peut être le complice et l'interlocuteur dont sa partenaire a besoin. Il peut accepter de partager son amante avec ses enfants et être près de ceux-ci. Il peut accepter que, tout comme lui, sa femme vieillisse. Finalement, il peut faciliter l'intégration des femmes au marché du travail.

Les femmes d'aujourd'hui sont beaucoup plus autonomes financièrement. Elles se réalisent professionnellement et deviennent mère plus tardivement. L'homme heureux est celui qui aidera sa partenaire à concilier les multiples dimensions de sa vie de femme en ne l'obligeant pas à choisir entre sa vie professionnelle et sa vie familiale, mais qui respectera son choix, choix qui ne peut qu'évoluer dans le temps. L'homme qui vit avec une femme vivra littéralement avec

Si la femme n'avait pas existé, l'homme vivrait encore à l'âge des cavernes.
Orson Welles

plusieurs femmes ; le mieux qu'il puisse faire est de s'adapter aux nombreuses femmes qu'il découvrira avec le temps. La femme d'aujourd'hui n'a plus besoin du guerrier – pourvoyeur du temps des cavernes, même si son câblage cérébral n'a pas tellement évolué depuis des millénaires. Elle a maintenant besoin d'un compagnon. L'égalité des hommes et des femmes ne passe pas par la disparition des différences sexuelles, mais par une meilleure compréhension et exploitation de celles-ci. Le couple d'aujourd'hui et de demain est à l'aube d'une véritable révolution conjugale qui aura ou a déjà eu des répercussions importantes au plan sociétal.

Le travail

À cause des deux guerres mondiales et grâce à la découverte de la pilule, laquelle a facilité la contraception et mené à la première révolution sexuelle (la seconde a commencé avec la découverte du Viagra®), les femmes ont envahi le marché du travail et ont voulu changé les règles du jeu pour mieux y trouver leur compte.

Avec raison. Ce qui n'est pas sans susciter quelques réactions allergiques de la part des hommes qui détestent changer les règles d'un jeu lorsqu'elles ont fait leurs preuves. Résistance, oui ; complot pour empêcher les femmes d'accéder aux postes de commande ou aux postes les plus rémunérateurs, il y a là une perception que je ne partage pas.

Quelqu'un a dit un jour : « Lorsqu'une femme demande l'égalité à un homme, elle s'attend à ce que l'homme se comporte envers elle comme une autre femme se comporterait avec elle. Le problème, c'est que lorsqu'un homme agit de façon égalitaire avec une femme, il se comporte envers elle comme il se comporte envers les autres hommes : prouve-moi que tu es le meilleur et tu auras le poste. Autrement dit, fais tes preuves et démontre-moi les avantages d'appliquer tes règles du jeu plutôt que les miennes. » L'hypothèse du plafond de verre (*ceiling glass*) est, pour moi, une interprétation paranoïde des relations homme – femme au travail.

Encore faudrait-il que les hommes connaissent les règles du jeu des femmes. Je me demande souvent si les femmes les connaissent aussi, ces règles, lorsque j'entends plusieurs dire, en thérapie ou dans ma vie quotidienne, qu'elles préfèrent travailler sous les ordres d'un homme, qu'elles ont beaucoup de conflits au travail avec leurs consoeurs, qu'elles sont critiquées par d'autres femmes parce qu'elles ont eu une promotion, qu'elles sont rarement encouragées par les femmes en poste de commande, qu'elles se nuisent plus qu'elles ne s'entraident, qu'elles sapent leur autorité et que certaines quittent leur emploi pour ne plus vivre dans une telle atmosphère. Pour moi, ces comportements sont l'indice de femmes malsaines : elles prennent les autres femmes pour cibles au lieu de se prendre en main. C'est ce qu'on surnomme des « crêpaches de chignons » ou « bitchage », soit une relation plutôt négative envers une collègue de travail.

D'après Pat Heim et Susan Murphy[54], consultantes en management, le crêpage de chignon se reconnaît aux cinq comportements suivants :
- le commérage,
- répandre des rumeurs et divulguer des secrets,
- faire des commentaires insultants ou des insinuations en public,
- le sabotage et
- snober quelqu'un délibérément et lui retirer son amitié.

Les « bitches » sont loin de manifester les caractéristiques des femmes saines. On ne parlait peut-être pas de conciliation travail – famille avant l'arrivée des femmes sur le marché du travail, mais on ne parlait pas non plus d'harcèlement moral. C'est probablement la mauvaise foi des collègues de travail entre elles, plus que l'existence d'un « plafond de verre » qui est la principale raison de la non accession des femmes à des haut postes de responsabilité.

Les pires choses qui ont été écrites sur moi l'ont été par des femmes.

Barbra Streisand

Pourtant, les femmes valorisent au plus haut point la coopération et la collaboration, du moins les femmes saines. K. Colins[55] a démontré que les entreprises où régnait une saine amitié entre

---

[54] Leur livre, *La femme est un loup pour la femme*, (édition Payot, 2004) est le résultat de leurs réflexions et de leur travail auprès d'une centaine d'entreprises qui cherchaient à minimiser les conflits femme – femme au travail.

[55] Collins, K, New economy friendship, *Working Woman*, 16 septembre 2000.

femmes stabilisaient leur personnel et augmentaient leur productivité du simple fait que les femmes y travaillant avait un sentiment de réalisation professionnelle plus élevée. Imaginez ce que seraient ces entreprises et nos sociétés si, en plus, les hommes et les femmes travaillaient main dans la main.

Voici donc quelques caractéristiques féminines que les hommes et les employeurs auraient avantage à connaître.

- Pour être productives au travail, les femmes ont besoins d'établir des relations amicales avec leurs collègues. Elles cherchent à créer des liens horizontaux dont le but est la sécurité et l'harmonie et non le pouvoir. Elles travaillent mieux et avec plus de plaisir dans un contexte égalitaire plutôt que dans une structure hiérarchique.

- Elles ont besoin de sentir qu'elles ont un certain pouvoir sur leur milieu de travail et que ce pouvoir *Pour qui se prend-elle, celle là ? Elle n'est pas mieux que moi !* est partagé entre tous et toutes. C'est ce que Heim et Murphy appellent la Règle, soit « la répartition strictement équilibrée du pouvoir » : aucune femme ne peut s'arroger le pouvoir de commander les autres femmes ou l'obtenir par une promotion, même justifiée.

- Elles ont besoin d'être estimées, non seulement pour ce qu'elles font, mais pour elles-mêmes, ce qui augmente leur propre estime, leur productivité et leur sentiment d'appartenance au groupe.

- Par contre, elles ont de la difficulté à s'attribuer le succès qu'elles peuvent connaître. Elles minimisent leur participation lors de réussites, mais ont tendance, à l'inverse, à dramatiser leur rôle lors d'échecs.

- Elles souffrent souvent de ce que certains psychologues appellent le «syndrome de l'imposteur»: elles n'estiment pas mériter le pouvoir qu'elles ont acquis ainsi que les avantages afférents, contrairement aux hommes. Ce complexe peut les empêcher de développer leur plein potentiel.

- Chez les femmes de tout âge, il est plus important d'être populaire (d'être aimée) que de gagner. Ce qui les place dans une situation de double contrainte au travail : si une femme cherche à monter dans l'échelle hiérarchique, elle risque de ne pas être aimée parce qu'elle ne respecte pas la Règle ; si, au contraire, elle veut être aimée de toutes, elle risque de faire du surplace et de devenir invisible aux yeux de la direction.

- Les femmes n'ont pas appris à dépersonnaliser les combats. C'est pourquoi les conflits femme – femme sont des conflits à vie, tout comme leurs amitiés.

- La qualité d'une équipe de travail est évaluée, dans le monde des femmes, par le nombre d'interrelations. Elles disent plus souvent «Nous» que «Moi».

- Les femmes, en majorité, mettent l'accent sur les valeurs humaines plutôt que sur la froide logique des affaires.

- Rien ne résiste à un réseau de femmes qui ont tissé de solides liens d'entraide : elles peuvent non seulement changer la mentalité d'une entreprise, elles peuvent aussi changer le monde.

J'ai souvent écrit et dit que les femmes constituent le facteur de changement et d'évolution du couple et de la société, alors que les hommes constituent le facteur de consolidation. Devenir complice de la femme au travail ne veut pas dire s'y soumettre et renoncer à toute autorité hiérarchique. Les hommes doivent plutôt chercher à faire équipe avec elles en mettant l'accent autant sur la dimension relationnelle que sur la performance. Les chef(fe)s d'entreprises qui l'ont fait (en instaurant des garderies sur place, des salles d'entraînement physique, des moments de détente, en organisant des activités sociales régulières…) ont non seulement vu leur chiffre d'affaire augmenter, mais aussi la satisfaction et, surtout, la stabilité de leur personnel.

Le choix de l'homme heureux
L'homme se retrouve devant plusieurs choix s'il veut être heureux avec la femme qu'il aime et avec laquelle il veut réaliser ses projets de vie. Non seulement doit-il accepter que l'énergie féminine aille de bas en haut et de l'extérieur vers l'intérieur, encore doit-il valoriser la sexualité de sa partenaire qui procède de la même façon, donc s'intéresser à elle plus qu'à ce qu'elle fait et comprendre qu'elle a besoin d'intensité. Il doit savoir que le cerveau de la femme peut faire plus d'une chose à la fois, qu'elle a une mémoire fantastique des détails et que, grâce à son intelligence, elle adore communiquer et revenir sur le passé, surtout sur les aspects émotifs et intimes de ce passé. L'écouter activement sécurise sa partenaire.

Il doit accepter qu'elle a peu évolué dans sa façon d'être, de faire et de réagir depuis l'âge des cavernes (lui non plus, d'ailleurs), sauf au plan de l'autonomie financière : elle n'a plus besoin d'un pourvoyeur – guerrier ; elle veut maintenant un complice qui l'accompagnera dans sa réalisation professionnelle, amoureuse, parentale et personnelle. Il doit cesser de réagir selon son atavisme « fuite ou combat », abaisser ses réactions défensives et faire de sa femme sa meilleure amie s'il veut en être aimé en retour et obtenir la satisfaction de ses besoins.

Plutôt que d'essayer de la raisonner, il doit plutôt exploiter l'instinct nourricier et protecteur qui a permis à la femme, avec son aide, d'assurer la survie de l'humanité et l'amélioration des conditions de vie de l'être humain. Il doit considérer les aspects positifs de la féminité s'il ne veut pas qu'elle développe une féminité malsaine. Il doit apprendre à communiquer d'une façon plus spontanée avec elle pour « être présent » à elle et accepter que ses intuitions ou pressentiments puissent être d'une grande utilité et souvent plus conformes à la réalité qu'il ne le croit.

Pour transcender la guerre des sexes, l'homme doit accepter, tant au travail qu'à la maison, que l'être humain *femme* soit différent. L'inverse est aussi vrai. En fait, les deux sexes doivent apprendre et respecter les règles du jeu de l'autre et, surtout, en tenir compte. Ce faisant, nous pourrions inventer un nouveau jeu, une nouvelle réalité relationnelle où tous les joueurs (individu, couple, famille et société) seraient gagnants.

4

Les renoncements nécessaires des hommes

Un dicton populaire dit que l'homme n'espérait jamais ce qu'il a obtenu en épousant sa femme ou en cohabitant avec elle. Il espérait que sa princesse ne changerait jamais, qu'elle resterait toujours aussi admirative, compréhensive et réceptive que lors de la période de séduction. Hélas! La lune de miel ne peut que s'atténuer avec le temps et la princesse devenir de plus en plus exigeante. Ce que l'homme doit alors comprendre, c'est que le couple n'est pas à son seul service, mais qu'il existe aussi pour répondre aux besoins de sa partenaire.

Pourquoi tant de femmes quittent?

D'après de nombreuses études, ce sont les femmes qui initient le divorce beaucoup plus souvent que les hommes. Comment se fait-il que tant d'histoires d'amour commencées dans la passion et l'enthousiasme finissent par susciter tant de frustration et de haine réciproque? La raison la plus souvent invoquée: le désenchantement. Si l'homme n'espérait pas ce qu'il a obtenu, la femme n'a finalement jamais obtenu ce qu'elle désirait.

En général, voici comment, du point de vue de la femme, cela se passe pour les couples qui divorcent ou se résignent.

1. Au début, l'homme se montre indépendant et sûr de lui.

2. Il s'informe d'elle et de ce qu'elle fait, lui démontrant ainsi son intérêt.

3. En étant attentif, charmant, empressé, elle finit par croire qu'il est mieux que les autres qui ne s'intéressent qu'au sexe et qui la laissent tomber si elle ne répond pas rapidement à leurs attentes.

4. En l'écoutant attentivement, il lui donne l'impression d'être l' « élue » et d'avoir enfin trouvé l'âme sœur, celui qu'elle espérait dans ses rêves d'adolescente et qu'on lui présentait dans les contes de fée, les romans d'amour et, aujourd'hui, sur les sites Internet de rencontres.

5. Elle est alors aveuglée, croyant qu'il l'aime pour elle-même et la veut pour ce qu'elle est réellement, et non pour ce qu'elle représente.

6. Elle est assurée que ce qu'elle vit durera et même s'intensifiera avec le temps. Elle partage son enthousiasme avec ses copines qui la confortent dans ses attentes (illusions?). Elles la trouvent même très chanceuse et espèrent que leur tour viendra.

7. Elle rêve alors d'engagement (mariage, maison, famille…) et d'une vie remplie d'intensité, du moins c'est comme ça que les films hollywoodiens présentent l'avenir en terminant leurs films d'amour par un baiser rempli de promesses.

8. Ce n'est qu'une question de temps avant que celui-ci, croyant sa princesse acquise une fois pour toute, se désintéresse d'elle en recommençant à sortir avec les copains, en s'investissant davantage dans son travail ou en faisant davantage d'activités seul plutôt qu'en couple.

9. C'est alors qu'elle commence à lui exprimer quelques frustrations sur le fait qu'il n'est plus réellement l'homme qu'elle s'était imaginé au début. Il la rassure en lui disant qu'il l'aime et le lui prouve en lui exprimant son désir d'elle.

10. Comme elle semble de moins en moins réceptive sexuellement et de plus en plus critique, soit il se renfrogne et songe à refaire sa vie avec une autre, soit il lui dit que c'est elle qui a changé et qui complique les choses. Il ne comprend pas qu'elle ne soit pas heureuse maintenant qu'ils vivent ensemble, qu'ils ont un appartement ou une maison, qu'ils ont même des projets d'avenir… : «Mais qu'est-ce que tu veux de plus?»

11. Finalement, se creuse petit à petit une atmosphère d'incompréhension réciproque et une lutte malsaine pour le pouvoir, chacun cherchant à imposer à l'autre sa vision du couple et accusant l'autre de mauvaise foi ou de ne plus être en amour.

12. Le couple s'installe tranquillement dans une routine qui lui déplaît et qu'elle manifeste par des critiques de plus en plus acerbes. La fréquence des rapports sexuels diminue ainsi que leur intensité.

13. Il semble s'y adapter mieux qu'elle et comme elle finit par diminuer ses critiques (ou les limiter à ses «mauvais jours»), il croit qu'elle aussi s'adapte et accepte la situation, jusqu'au jour où elle lui annonce qu'elle le quitte.

14. Tout surpris, il dit : «Ben voyons! Ça va pas si mal que ça. Si tu n'étais pas contente, pourquoi tu ne m'en a pas parlé avant?». Ce à quoi elle répond : «Je t'en ai parlé régulièrement (tous les mois), mais tu ne comprenais rien à rien ou ne voulait pas vraiment m'écouter. Tu disais que tu allais faire attention, mais rien ne changeait. Il est trop tard maintenant!»

15. Si l'homme survit au divorce[56] et arrive, à l'aide de la médiation, à une entente plus ou moins satisfaisante, il se met à espérer qu'avec une autre ce sera mieux. Mais, une fois terminée la nouvelle lune de miel, il se retrouvera dans la même situation[57], tout simplement parce qu'il n'a pas compris les renoncements nécessaires à faire pour réussir sa première histoire d'amour ou la suivante.

Ce sont les femmes qui initient la séparation, mais les hommes, la plupart du temps inconsciemment, font tout pour qu'elles en arrivent à prendre cette décision. Il n'y a pas de doute que les deux partenaires partagent une co-responsabilité dans cette dynamique «séduction – fusion – compétition – séparation».

---

[56] La peine d'amour est impliquée dans presque deux suicides sur trois et ce à tous les âges de la vie d'un homme.

[57] Les probabilités d'un premier divorce vont de 45 % (lors d'un mariage) à 65 % lors de cohabitation. Ces probabilités augmentent à 65-74 % lors d'une deuxième union et à plus de 75 % lors d'une troisième union.

Mais si l'homme se retrouve, union après union, avec une femme qui le quitte, c'est qu'il ne prend pas ou ne comprend pas sa responsabilité dans l'échec de son projet conjugal.

Il en va de même pour les divorces qui se retrouvent entre les mains des avocats spécialisés en droit familial et qui aboutissent devant un juge, lequel rendra jugement, mais pas nécessairement la justice attendue par l'homme. Je le répète, la femme a une responsabilité dans un mariage réussi ou dans un divorce qui tourne mal, mais l'homme aussi a sa part de responsabilité dans la réussite ou non du projet conjugal. En fait, les deux doivent comprendre que dans un couple, comme dans un divorce, il ne peut y avoir que deux gagnants ou deux perdants. Et que pour être gagnant, il faut accepter certains renoncements. Ceux et celles qui ne le comprennent pas font la fortune des intervenants conjugaux, des médiateurs, des avocats et autres professionnels de l'industrie du divorce.

Les deux choix des hommes
Devant la femme et sa réalité, l'homme possède deux choix. Le premier, voué à l'échec, est celui où il ne tient pas compte des besoins et attentes légitimes de sa partenaire et où il croit que cette dernière doit correspondre à la femme qu'il a imaginée dans ses fantasmes adolescents et qu'on lui a présentée dans les magazines pour hommes, dans les films érotiques ou sur les sites Internet. Ce choix est voué à l'échec car sa partenaire finira par croire que ce n'est pas elle qu'il aime, mais seulement son corps. Tôt ou tard, elle croira qu'il ne s'intéresse à elle que pour la sexualité. Soit elle réagira en se soumettant (surtout s'il utilise la violence verbale ou, pire, la violence physique), soit elle critiquera de plus en plus et utilisera le refus de la sexualité pour lui faire payer le fait qu'il ne tient pas compte de ses

attentes. Résultat : elle risque de succomber aux attentions que lui prodiguera un collège de travail, un voisin ou le meilleur ami de son partenaire. Au moins 15 à 25 % des femmes sont un jour infidèle, selon les données les plus conservatrices.

Le deuxième choix, beaucoup plus difficile, consiste à construire une relation basé sur la réalité de l'identité féminine. Toute femme (comme tout homme), sauf de rares exceptions, est un être de bonne volonté. Elle est prête à s'investir à fond pour que son couple fonctionne, mais il y a des choses qu'elle ne peut ni donner ni faire, non pas parce qu'elle ne le *veut* pas, mais tout simplement parce qu'elle ne le *peut* pas ou ne le *comprend* pas. Il y a des limites à ce qu'une femme peut être ou faire ; elle a aussi des obligations et des impératifs que sa nature l'oblige à respecter. Plus tôt, l'homme acceptera ces limites, plus tôt il comprendra ce qu'est une femme, meilleures seront ses chances de trouver une complice pour la vie. Sinon, il risque de se retrouver seul ou d'aller de relation en relation tant et aussi longtemps qu'il ne prendra pas conscience de sa responsabilité dans ses échecs amoureux.

L'homme qui veut aimer sa femme doit connaître les réalités féminines et prendre conscience de l'impact et du pouvoir qu'il possède sur l'expression, positive ou négative, de la féminité. Aimer une femme est relativement simple si la relation amoureuse s'enracine dans la réalité de ce qu'elle est plutôt que dans des attentes adolescentes, illusoires ou narcissiques. Loin de moi l'idée de faire dépendre le succès ou l'échec d'un couple sur les seules épaules des hommes. Mais les hommes ont une responsabilité et un pouvoir beaucoup plus importants qu'ils ne le croient.

Que peut faire un homme pour améliorer la dynamique conjugale et faire baisser la tension qui ne peut pas ne pas exister entre deux personnes qui veulent s'aimer et qui sont de bonne foi, mais dont les perceptions du couple diffèrent? Beaucoup! Mais pas nécessairement ce qu'il pense. Mettre l'accent sur les faiblesses, les manques, les défauts de sa partenaire ne provoquera que des réactions paradoxales. Pour réussir son couple, l'homme doit renoncer à certaines illusions et faire certaines concessions. Ces concessions, pas toujours faciles, sont au nombre de cinq :

1. Exister au plan subjectif
2. Laisser tomber la justification et la défensive
3. Cesser d'offrir des solutions
4. Entretenir la réalité féminine
5. Accepter la « mamante » qui existe en toute femme

Exister au plan subjectif

Comme maintes fois exprimé, la femme priorise son mode émotif et spirituel à son mode physique et rationnel. Cela peut paraître paradoxal puisqu'elle investit temps et argent sur son apparence physique et son esthétisme. Mais l'objectif, plus ou moins conscient, est d'être aimée de tous et ainsi trouver l'homme de sa vie pour se réaliser. L'*être* est pour elle plus important que le *faire*. C'est en étant présente aux autres qu'elle se réalise, tout en étant toujours prête à faire quelque chose pour les gens qu'elle aime et dont elle se sent aimée. C'est ainsi qu'elle exprime son amour : en créant les meilleures conditions de vie leur permettant de s'épanouir. Dès qu'elle devient mère, la famille, plus que le travail, devient sa priorité, ce qui ne veut pas dire qu'elle doive abandonner toute ambition professionnelle.

Qui dit subjectif, dit aussi intimité et, pour la femme, l'intimité ne se résume pas à la sexualité. Nul doute que la femme aurait avantage à développer sa sexualité génitale, mais elle le fait généralement en vieillissant au fur et à mesure qu'elle accumule des expériences relationnelles intimes : c'est l'intimité des cœurs qui l'ouvre à l'intimité des corps. La plupart des hommes savent comment attirer une femme en lui parlant, en l'écoutant et en la complimentant. Casanova et Don Juan étaient passés maîtres dans l'art de séduire une femme par la parole. Sauf que si l'homme utilise l'intimité des cœurs pour ne satisfaire que ses besoins charnels et cesser de lui démontrer qu'il s'intéresse aussi à *elle*, qu'il ne se surprenne pas que sa vie sexuelle s'amenuise car elle se sentira trahie, abusée, exploitée par un homme égoïste et obsédé par le sexe.

Il n'y a pas de doute, Messieurs, que l'une de vos missions biologiques est la reproduction de l'espèce. Mais, à moins de vouloir vivre en solitaire toute votre vie comme la plupart des mâles des espèces animales qui se font éjecter, sinon sacrifier[58], après avoir « sauté » la femelle, vous devrez vous investir dans l'entretien des conséquences de votre comportement sexuel. Auparavant, les femmes s'abandonnaient dans les bras d'un homme seulement après une promesse d'engagement ; les fréquentations duraient alors beaucoup plus longtemps. Aujourd'hui, les femmes acceptent de faire l'amour dès la deuxième ou troisième sortie, non pas parce qu'elles le désirent vraiment, mais parce qu'elles craignent de ne pas trouver un compagnon si elles ne satisfont

---

[58] Il n'y a pas que les mâles des mantes religieuses qui se font tuer pendant ou après l'acte sexuel. Aviez-vous constaté, par exemple, que l'on ne voit des bourdons qu'au début de l'été ? Lire à ce sujet : Grandpré-Molière, Ariette, *Comme des bêtes*, France, Hors Collection, 2005.

pas rapidement son intérêt sexuel[59]. Plusieurs femmes trentenaires m'ont confirmé ce fait en thérapie et pris conscience que même si elles acceptaient de faire l'amour rapidement avec leur amoureux potentiel, elles restaient célibataires et paniquaient à l'idée de le rester à vie. Quel paradoxe!

Tous les hommes savent très bien pourquoi ils ne s'engagent pas avec une femme qui se donne si facilement : ils pensent que c'est tout ce qu'elle veut... et le prennent, accumulant les conquêtes. Mais de là à s'engager à long terme, il y a un pas que la majorité des hommes ne fait pas. Sans revenir aux longues fréquentations du passé ou mettre en application les directives d'Ellen Fein et Sherrie Schneider[60], la femme saine attend beaucoup plus de lui qu'un partenaire sexuel. Et l'homme sain recherche aussi plus qu'une partenaire sexuelle ; il cherche aussi une partenaire de jeux, une femme valorisante, une femme qui lui fait totalement confiance et qui satisfait son besoin de quiétude. Pour obtenir tout cela, l'homme heureux devra rester ouvert au monde subjectif, intime et spirituel de la femme.

Au lieu de mettre fin à la discussion ou d'argumenter lorsque survient un conflit conjugal, l'homme sain prend le temps d'une profonde inspiration (question de faire baisser son taux de vaso-pressine[61]) et accepte que sa femme puisse avoir une perception autre que la sienne. Au lieu de proposer de «faire l'amour pour régler le problème», il l'écoute jusqu'à la fin, même s'il craint, justement, qu'il n'y ait pas de fin. À force d'écouter, peut-être

---

[59] Ceci constitue un véritable paradoxe. Le mouvement féministe visait à ce que l'on cesse de considérer la femme comme un objet sexuel, alors que les femmes n'ont jamais été aussi «faciles» qu'aujourd'hui.

[60] Fein, Ellen et Schneide, Sherrie, *Les Règles. Secrets pour capturer l'homme idéal, Comment attraper un mari en 35 leçons*, Paris, Albin Michel, 2007 (1995).

[61] La vasopressine est l'hormone produite par le corps de l'homme en situation de stress.

finira-t-il par mieux la comprendre et comprendre que la femme qui a pu exprimer ses états d'âme devient reconnaissante envers son interlocuteur. C'est en l'écoutant et en lui parlant qu'il a su la conquérir ; c'est en continuant de le faire qu'il empêchera sa princesse de se transformer en mégère.

La première concession que doit faire l'homme qui veut être heureux avec une femme est d'accepter de vivre dans un univers davantage subjectif et variable, qu'il s'y sente à l'aise ou non. Il doit cesser de vouloir changer sa partenaire en l'incitant à entrer dans son univers linéaire. Il comprend que la femme a besoin de ce partage d'intimité par la communication verbale afin de préserver sa santé mentale. S'il existe tant de confusion sur ce que devrait être une vraie femme aujourd'hui, c'est peut-être parce qu'elle fait plus d'efforts pour s'adapter au monde masculin extérieur et d'être égale à lui en tout point plutôt que de se fier à ses critères subjectifs et intuitifs. C'est l'une des objections que je fais à un certain discours féministe qui a survalorisé les valeurs masculines aux dépens des valeurs féminines.

Laisser tomber la justification et la défensive

L'amygdale, un noyau du lobe temporal qui enregistre la peur et déclenche l'agression, ne fait pas la différence entre un danger réel et un danger virtuel. Dès qu'un homme se *sent* attaqué, son cerveau réagit comme si c'était une attaque réelle et déclenche dans son corps tous les signaux d'alerte : sécrétion de vaso-pressine et d'adrénaline, accélération du rythme cardiaque, contractions musculaires... Il est en état d'alerte. Le tout, en trois millièmes de seconde. Autrement dit, l'amygdale de l'homme, plus grande que celle de la femme, ne fait pas la différence entre un tigre réel et la « tigresse » qu'il perçoit chez sa partenaire. La femme n'est pas responsable de cette réponse d'alerte ; c'est la fausse interprétation de l'événement par l'amygdale qui déclenche l'alarme. L'homme se sent mal et se tend. « Il grimpe dans les rideaux » disent les Québécois. La réaction spontanée de l'amygdale peut toutefois être contrecarrée ou gérée par le cerveau humain (néocortex) à la condition que l'homme, prenant conscience de son malaise, se convainque que la « tigresse » perçue par son cerveau primitif est la femme qu'il aime.

Joseph Ledoux[62] illustre ce fait en prenant l'exemple du serpent et du bâton. Imaginez que lors d'une excursion, vous apercevez quelque chose qui pourrait être un serpent. Instantanément, votre amygdale enclenche les réactions corporelles de la peur. Quelques millièmes de seconde plus tard, votre cerveau, par l'intermédiaire du thalamus, envoie l'information à votre cortex visuel qui analyse plus en détail la chose en question. S'il s'avère que c'est un serpent, votre cerveau renforce votre état d'alerte : la réaction « fuite ou combat » se mobilise. Si votre cerveau vous dit que ce que vous avez initialement perçu comme un serpent n'est en fait qu'un bâton tordu, il freinera la réaction de l'amygdale et les réactions corporelles de la peur pourront lentement s'atténuer. Pour votre survie et la survie de l'espèce humaine, mieux vaut prendre un bâton pour un serpent que de percevoir le serpent trop tard.

Lors d'une dispute conjugale, l'homme devrait, à l'inverse, cesser de prendre des bâtons pour des serpents. Sa vie n'est pas en danger, même si sa partenaire le conteste ou le critique réellement. Toutefois, cela est plus facile à dire qu'à faire, car l'influence de l'amygdale sur le cortex, soit l'influence de l'émotion sur la raison, est plus importante que l'influence du

---

[62] Ledoux J. (1994): Émotion, mémoire et cerveau, *Pour La Science*, No *202*: pp 50-57.

cortex sur l'amygdale, soit l'influence de la raison sur l'émotion. C'est pourquoi tant d'hommes (et de femmes) perdent leur contrôle émotionnel et posent des comportements qu'ils regrettent par la suite.

L'homme n'a de pouvoir sur sa partenaire que le pouvoir qu'elle veut bien lui accorder, mais il possède les pleins pouvoirs sur lui-même et peut donc apprendre à maîtriser ou limiter ses réactions ataviques de défense. À lui de rester calme et de trouver une autre réaction que la fuite ou le combat. C'est ce que j'appelle l'intelligence émotionnelle conjugale. Plus il se montrera en «contrôle», plus sa réaction à sa partenaire sera adaptée et plus sa relation avec elle ira en s'améliorant, puisqu'elle n'aura pas l'impression de se retrouver devant un être primitif.

S'il cherche à imposer son avis ou justifier ses comportements, sa partenaire ne se sentira pas reçue et lui en voudra de ne pas l'écouter et de ne pas tenir compte d'elle. S'il réagit toujours par la défensive, elle n'osera plus être elle-même en sa présence. L'homme doit donc apprendre à lâcher prise et à accepter qu'elle puisse le contester ou le critiquer sans que cela mette sa vie en danger. Il n'a pas à prendre la responsabilité des réactions de sa partenaire à ses actions. Sa femme n'est pas d'accord ou ne vit ou ne dit pas ce qu'il voudrait qu'elle vive ou dise... et puis après! La lutte incessante pour savoir qui a raison ou qui a tort ne peut mener à long terme qu'à une hostilité croissante, à la haine réciproque et au divorce, divorce dont chacun accusera l'autre d'être le responsable. Dans les deux cas, les deux sont perdants. L'important dans un couple n'est pas de savoir qui a raison ou qui a tort, mais d'être heureux.

Vous ne pourrez pas contrôler ou changer votre femme, mais vous pouvez apprendre à contrôler et à modifier vos réactions, si celles-ci mènent trop souvent à des disputes conjugales. En acquerrant plus de pouvoir sur vous-même, vous obtiendrez en même temps plus de pouvoir sur votre couple, car votre partenaire se sentira en sécurité. Vous auriez donc avantage à lui donner raison si tel est le cas ou à ne pas argumenter, même si cela demande un certain effort.

Si vous êtes en retard, reconnaissez-le et excusez-vous au lieu d'essayer de vous justifier. Si elle vous reproche de passer trop de temps devant la télé ou l'ordi, c'est qu'elle vous veut près d'elle. Si vous avez oublié de rincer la vaisselle avant de la mettre dans le lave-vaisselle, vous avez oublié de la rincer, point. Si elle vous dit que vous ne lui dites jamais que vous l'aimez, profitez-en pour lui dire que c'est vrai et ajouter «Je t'aime». Si vous avez oublié d'acheter ce qu'elle vous a demandé pour préparer le repas, allez-y subito ou invitez-la au resto. Si vous vous êtes emporté devant les enfants, dites-leur que : «Papa a parlé fort, mais je vous aime quand même» et prenez-les dans vos bras. Vous justifiez, vous défendre ou contre-attaquer ne fera que mettre de l'huile sur le feu et déclenchera une escalade.

L'erreur n'est pas de faire des erreurs, mais de les répéter.

La deuxième concession ou renoncement que l'homme doit faire pour être heureux est donc d'accepter de ne pas être parfait et d'admettre ses erreurs : il n'en sera que plus humain aux yeux de sa partenaire. Si vous vous permettez, Messieurs, d'être un humain erratique et perfectible, vous accepterez plus facilement qu'elle le soit elle aussi. Vous pourrez alors vous entraider à devenir meilleurs, ce qui est là l'un des objectifs et l'une des conséquences des couples heureux.

Cesser d'offrir des solutions

Lorsque l'homme vit une émotion, celle-ci est perçue comme signe d'un problème ou d'un danger (le serpent), à moins que cette émotion ne soit agréable comme la joie, le bonheur, l'enthousiasme (parce que son équipe a gagné ou parce qu'il vient de faire l'amour avec sa partenaire). Si tel est le cas, il n'hésitera pas à l'exprimer. Par contre, si cette émotion tourne autour de la peur, de la colère, de la tristesse ou de la culpabilité, il en cherchera la cause et lorsqu'il l'aura trouvée, il s'organisera pour la faire disparaître, faisant ainsi disparaître le problème et l'émotion conséquente. Il pourra ainsi retrouver la paix de son esprit et ne penser à *rien*[63].

Lorsque sa partenaire lui présente un problème quelconque ou qu'elle vit une émotion, il applique la même logique. Si l'émotion est positive, il l'accueillera. Si elle est négative, il aura l'impression qu'elle lui demande de l'aider à trouver une solution pour faire disparaître le problème et, en conséquence, l'émotion. Son désir le plus fort est de vivre en paix dans le nid familial. C'est pourquoi, souvent, il regimbe lorsqu'elle veut lui « parler ».

Sauf que… la femme peut très bien s'occuper elle-même de trouver les solutions à son problème. Son objectif n'est pas de « charger » son partenaire d'une mission, mais de partager son vécu avec lui. Ce qu'elle veut c'est de lui raconter les multiples

---

[63] Pour vous en convaincre, écoutez le sketch de Mark Gungor : http://www.youtube.com/watch?v=xxtUH_bHBxs page consultée le 25 août 2010.

péripéties de sa journée, y compris celles qui ont pu l'embêter. Ce faisant, elle se débarrasse de la charge émotionnelle associée à cet embêtement et cela la soulage. Lorsqu'elle dit à son partenaire qu'une compagne de travail l'énerve au plus haut point, elle veut être entendue et recevoir de la compassion. Si son partenaire lui dit : « Mais, tu n'as qu'à l'éviter », il risque de se faire répondre, à sa grande surprise : « Tu ne comprends rien. De toute façon, tu ne comprends jamais rien ». Et là, c'est vrai, il ne comprend pas qu'en voulant se montrer utile, il se fait rabrouer.

Il ne comprend pas que, pour sa partenaire, parler de son vécu, de ses émotions ou de ses préoccupations est LA solution. Pour elle, parler soulage ; être entendue la réconforte ; et si elle se sent comprise, elle devient reconnaissante et plus aimante. En général, l'homme déteste revenir sur le passé : gagnée ou perdue, la partie est terminée ; il prépare la suivante. Pour la femme, revenir sur le passé lui permet de mieux comprendre ce qui est arrivé, de mieux se comprendre, de mieux comprendre son partenaire et de mieux vivre le présent. Elle se sent libérée lorsqu'elle a pu analyser tous les aspects de la situation passée, embêtante ou non, et cesse d'y revenir.

L'homme doit donc apprendre à écouter plutôt qu'à proposer des solutions et à partager lui aussi son vécu, ses émotions et ses préoccupations, créant ainsi une intimité fort appréciée de sa partenaire. Il doit comprendre que les besoins relationnels de sa partenaire sont beaucoup plus grands que les siens. La femme voudrait sentir de la part de son partenaire le même désir spontané de rapprochement et de communication verbale à couleur émotive au même titre que l'homme voudrait se sentir désiré sexuellement avec la même intensité qu'il la désire. Ce sont deux formes de communication… complémentaires. Accepter de ne pas être reçu dans son offre de solutions ou ne pas en offrir permet de diminuer les tensions et d'améliorer la qualité de la vie conjugale.

Entretenir la réalité féminine

Pour comprendre la réalité féminine, reprenons l'analogie de la mer. Assoyez-vous sur une plage et observez le mouvement de la mer. Vous verrez qu'elle bouge continuellement et qu'il existe plusieurs formes de vagues. Les plus visibles sont celles qui, lorsqu'elles cassent, produisent de l'écume blanche. Si vous regardez chacune de ces vagues, vous y découvrirez de multiples vaguelettes. Finalement, si vous restez longtemps assis à la même place, vous comprendrez la marée. La mer est parfois très calme (mer d'huile) et, à d'autres moments, houleuse, agitée, déchaînée, démontée. Des tempêtes, des ouragans, des tsunamis y prennent naissance. Autant elle est la source originelle de toute vie, autant elle peut être destructrice.

Ainsi va la mer, ainsi va la femme. De toutes les caractéristiques observables de la féminité, la variabilité est probablement la plus évidente. La femme que vous aimez vous en fera voir de toutes les couleurs, belles et moins belles : la séductrice, l'amante, la passionnée, la généreuse, la nourricière, l'aidante, l'enveloppante, la consolatrice… et j'en passe ; mais aussi la contrôlante, la mégère, l'explosive, la dépressive, la phobique, l'hystérique, la « germaine », la manipulatrice… et j'en passe.

Rien n'est plus stupéfiant pour un homme de voir sa partenaire en perpétuel changement, lui si linéaire en général. De séductrice, elle se transforme en organisatrice dès qu'il dit : « Oui, je le veux ». À tous les mois, il passe par deux semaines de beau temps, puis la tension monte, survient quelques jours de tempête, et enfin un relâchement total. À chaque grossesse, il voit son amante se transformer en mère et il perd l'exclusivité de celle-ci à tout jamais. Puis, les enfants grandissants, apparaît une période de calme rapidement perturbée par la ménopause qui, encore une fois, provoque son lot de tempêtes. Finalement, toutes les tempêtes cessent et il découvre une nouvelle femme (saine s'il a su l'aimer, l'accompagner et être l'élément stable et le port dont elle avait besoin) ou malsaine (s'il n'a été qu'un co-locataire ou s'il s'est réfugié dans son mutisme ou sa caverne).

Que vous le vouliez ou non, Messieurs, votre capacité d'adaptation sera mise à dure épreuve tout au long de votre vie avec votre femme. Vous devez donc renoncer à votre illusion de la princesse toujours charmante, stable, réceptive, sexy et à votre service. La femme a des humeurs que l'humeur de l'homme ne connaît pas. Le rôle de l'homme en tant que mâle de l'espèce humaine est d'être au *En réalité, l'homme ne vit pas avec sa femme, il vit avec ses femmes.* service de la femme qui, après avoir reçu son sperme, crée, développe et entretient la vie dans son corps, avec ses seins et avec ses soins. Accepter de remplir votre mission biologique d'accompagnement du mieux que vous le pouvez permettra d'atténuer les vagues de votre partenaire. Vous pourrez ainsi mieux profiter de votre périple en mer avec elle.

Si vous réagissez de façon linéaire, pour ne pas dire rigide, à ce qui vous apparaît être des réactions émotives puériles, si vous essayez de la raisonner ou lieu d'accepter sa variabilité, vous serez vite éjecté, sinon de sa vie, du moins de son lit. Si, par contre, vous restez vous-même, tout en acceptant qu'elle vive des hauts et des bas, vous augmenterez les probabilités d'être heureux avec elle. On ne peut contrôler la mer, mais on peut en profiter. Ne cherchez pas à changer votre femme ; apprenez plutôt comment elle fonctionne différemment de vous et, en agissant autrement que vous, comment elle vous complète. Apprenez à l'aimer telle qu'elle est et telle que vous la découvrez, non comme vous l'avez fantasmée lors de votre adolescence ou dans les premiers temps de votre relation.

Accepter la « mamante » qui existe en toute femme
L'homme doit s'opposer à la femme pour devenir homme, puisqu'un homme est tout ce que n'est pas une femme. Et la première opposition que vit l'homme, c'est l'opposition à sa mère, avec ou sans l'aide de son père. L'on sait aujourd'hui qu'un petit garçon qui a eu « trop de mère » et pas « assez de père » pour confirmer son identité mâle pourra plus difficilement s'engager avec une femme parce que cet engagement pourrait signifier la perte de son identité. Certains intervenants parlent même d'inceste émotif. De même qu'une petite fille victime d'inceste aura plus de la difficulté à s'épanouir sexuellement, ainsi en va-t-il du petit garçon qui, « étouffé » par une mère trop présente, aura de la difficulté à être ouvert au monde émotif et subjectif de sa partenaire. Cela explique en partie l'attitude défensive de l'homme envers la femme qui, avec amour, lui donne des conseils non sollicités.

Les petits garçons, plus que les petites filles, veulent faire les choses par eux-mêmes. Leur nature de mâle les pousse à s'activer, à aller au bout de leurs limites, à ne pas respecter les interdits, à être intrusif… S'ils vivent dans un milieu éducatif familial et scolaire exclusivement ou prioritairement féminin, cette nature risque fort d'être contrecarrée. On lui dira de se tenir tranquille, de ne pas faire tant de bruit, d'être gentil, d'écouter sa maman… Même fait de bonne foi, tout cela risque de «castrer» le petit garçon et de créer des hommes qui auront peur des femmes, peur de s'engager avec une femme, toujours en train de leur résister et de refuser tout ce qu'elle aimerait leur apporter.

Qu'il le veuille ou non, l'homme qui veut être heureux avec la femme de sa vie devra apprivoiser ce côté «maman». L'hérédité foncièrement féminine est nourricière. Elle ne cherche pas à vous contrôler ou à vous dominer, elle exprime sa nature profonde. Toute amante qu'elle soit, elle voudra aider son partenaire; elle ira au-devant de lui, c'est plus fort que sa volonté. «Quand est-ce que je vais apprendre?» dit parfois ma partenaire (avec qui je vis depuis 1982) lorsqu'elle s'occupe de moi sans que je lui aie demandé quoi que ce soit et que je bougonne quelque peu. Et moi de répondre: «Tu es ma mamante préférée», avec un petit clin d'œil, plutôt que de dire sur un ton agressif: «Arrête de me dire quoi faire, tu n'es pas ma mère!».

L'homme doit donc considérer comme une preuve d'amour ce qu'il trouve souvent agaçant, comme lorsqu'elle:

- Lui donne des conseils non sollicités;
- Lui dit de faire attention à lui;
- Lui dit comment s'occuper des enfants;
- Lui demande s'il l'aime toujours;
- Le dérange lorsqu'il lit le journal ou regarde la télé;
- Lui dit qu'il a mal passé l'aspirateur;
- Lui prépare son lunch;
- Lui dit quoi porter comme vêtements;
- Lui fait accroire qu'elle sait mieux que lui ce dont il a besoin;
- Répond à sa place;

- Lui coupe la parole ;
- Le reprend ;
- ...

Il devrait plutôt s'inquiéter le jour où elle cessera.

Le choix de l'homme heureux

Si vous ne désirez pas, Messieurs, que votre histoire d'amour, commencée dans la passion et l'enthousiasme, ne se dramatise et finisse par une escalade sans fin ou par un divorce coûteux, il vous faut au plus tôt comprendre que votre partenaire ne parle pas le même langage que vous et que, comme pour l'apprentissage d'une nouvelle langue, il vous faudra du temps, de la patience et de la pratique pour maîtriser cette nouvelle langue et devenir bilingue. Apprendre une nouvelle langue, tout comme apprendre le monde des femmes, ouvre de nouvelles perspectives et facilite la compréhension des nuances permettant de relativiser notre perception de la réalité. Ne laissez pas vos illusions romantiques détruire ce qui pourrait devenir une histoire dans laquelle l'amour se développe au fur et à mesure des chapitres. Mettre tout cela en pratique, surtout ce qui va à l'encontre de vos atavismes personnels, demandera des efforts et du temps. Mais votre patience sera récompensée.

En écrivant ces lignes, j'entends plusieurs hommes dire que les femmes font exprès pour leur rendre la vie compliquée. Si elles cessaient de vouloir jouer à la mère avec nous, si elles n'étaient pas si changeantes, si elles nous laissaient les aider, si elles ne critiquaient pas tout le temps et si elles n'étaient pas si émotives, la vie serait tellement plus facile. Mais voilà, la réalité est que les femmes sont émotives, ce qui ne veut pas dire qu'elles ne peuvent pas être aussi rationnelles. Elles aiment exprimer leurs états d'âme et leurs préoccupations, ce que beaucoup d'hommes perçoivent souvent comme des critiques. Elles sont capables de trouver leurs propres solutions ; alors, Messieurs, cessez de sous-estimer vos femmes. Elles sont changeantes comme la mer ; il vous faut donc apprendre à naviguer. Et elles aiment prendre soin des autres, particulièrement de ceux qu'elles aiment, comme vous.

C'est ainsi, que vous le vouliez ou non. Alors, plus rapidement vous apprendrez, respecterez les règles de ses jeux préférés et renoncerez à vos attentes illusoires, plus rapidement vous aurez plaisir à jouer avec elle. Et si elle connaît aussi vos règles, vous pourriez décider à quel jeu jouer à tout moment et vous aurez un double plaisir à jouer avec elle, que vous gagniez ou non la partie. Le plus important n'est pas de gagner, mais de vivre en harmonie.

La lutte pour le pouvoir qui suit immanquablement les débuts romantiques d'une relation ne pourra se transformer en partage du pouvoir que lorsque vous comprendrez que la vie conjugale possède ses propres dynamiques et ses propres règles du jeu. Les deux partenaires doivent, chacun de leur côté, apprendre et mettre en pratique ces règles afin d'inventer un troisième jeu où les deux seront d'égale force et gagnants. Vous ne pouvez forcer votre partenaire à faire cet apprentissage, mais vous pouvez le faire pour vous, pour

> Le jeu des filles consiste à nouer et dénouer des alliances.
> Déborah Tannen

mieux vivre avec la femme qui partage actuellement votre vie ou avec la prochaine que vous choisirez. Le couple n'est pas ce que vous pensez ou ce que l'adolescent en vous espérait. Le couple existe au-delà de vous et de votre partenaire. Et il n'est pas fait pour vous rendre automatiquement heureux. Le couple est fait pour vous confronter à vous-même. Pour être heureux, surtout à long terme, vous devrez faire des efforts, beaucoup d'efforts, autant d'efforts que vous avez dû faire pour mener à bien votre carrière.

5

Les attentes légitimes des femmes

Les attentes légitimes des femmes sont en fait très simples. Toute femme partageant la vie d'un homme est en droit de : 1. Être respectée dans sa féminité ; 2. Recevoir des marques d'attention ; 3. Sentir que son partenaire se dévoue au lieu d'en faire le moins possible ; et 4. Être valorisée dans ses sentiments. La femme fera tout pour l'homme qui la respecte et qui répond à ses attentes légitimes. Beaucoup plus qu'il ne l'imagine. Il la fera fuir dans les bras d'un autre homme s'il est toujours sur la défensive, lui donne l'impression de ne jamais être adéquate et lui impose sa façon d'éduquer les enfants, de gérer l'argent, de vivre la sexualité, de choisir les activités sociales et les loisirs... L'homme n'obtiendra alors que critique et mépris de la part de sa partenaire.

L'illusion Playboy

Comme probablement tous les hommes, sains et malsains, j'ai eu l'occasion de parcourir des magazines style Playboy ou Penthouse et de visionner des films érotiques. Tous nous présentent des femmes très belles et prêtes à satisfaire tous les fantasmes masculins, sans que l'on soit obligé de leur conter fleurette, et se plient à toutes les positions acrobatiques imaginées par le réalisateur, rarement une réalisatrice[64]. J'ai eu l'occasion, un jour, de rencontrer un «artiste porno» qui m'a avoué que le scénario de ces films tenait sur une seule page et que la principale directive était : «Retiens-toi! (*Save your come*)».

Je reçois régulièrement des courriels indésirables dans lesquels de jeunes femmes, en tenue légère ou dans des positions on ne peut plus suggestives, m'invitent à visiter leur site en me promettant des plaisirs que je n'ai aucune peine à imaginer. En voici deux exemples :

• Kikou! C'est moi, Alicia, j'ai 19 ans et je suis secrétaire dans une agence de pub! J'ai créé un site perso afin de rencontrer des gens et peut-être débuter une nouvelle relation intime. J'espère bien avoir des discussions chaudes avec toi et, qui sait, même une passionnante relation intime. J'ai même une webcam pour que tu puisses me *matter*! Je suis prête à tout quand je suis chaudasse! Rejoins-moi vite, je t'attends.

• Bonjour. Je suis à la recherche de rencontres coquines, sans tabou ni perversion ; j'aime faire l'amour tout simplement, partager quelques moments de plaisir sans prise de tête. J'aime les hommes ou couples qui savent prendre le temps de faire l'amour. Je suis libre en journée. Personnes vénales, passez votre chemin… Sophie.

---

[64] Il existe aussi des romans et des films érotiques écrits et réalisés par des femmes et qui rejoignent davantage l'imaginaire érotique féminin. Il me fera plaisir de vous en faire parvenir la liste sur simple demande à info@optionsante.com.

Je reçois aussi, sans avoir eu besoin de le demander, des invitations à des partouzes et à des échanges de couple, le tout agrémenté de photos très érotiques. On me propose aussi toutes sortes de pilules et de gadgets pouvant « booster » mes performances sexuelles. Sans dire que l'on peut aussi me rallonger le pénis d'au moins trois bons centimètres.

Si je reçois toutes ces invitations et si les sites pornos constituent l'activité commerciale la plus rentable sur Internet, c'est dire qu'il y a une clientèle pour ce genre de service. Des clients qui croient au sexe facile et jouissif avec des femmes callipyges aux gros seins. « Tu n'as qu'à demander, nous sommes à ton service. » On insinue dans la tête de ces hommes et, malheureusement à de plus en plus d'adolescents, que le sexe devrait se vivre comme ça, de façon mécanique, sans que le cœur et l'esprit n'aient à intervenir. La femme n'y est présentée que comme un objet sexuel, même si c'est un objet actif.

La réalité est très loin de ces fantasmes. Ces invitations cachent souvent des arnaques et nombre d'hommes s'y sont fait prendre. Cela leur a souvent coûté cher, financièrement et conjugalement, lorsque leur partenaire a découvert qu'ils répondaient à ces annonces et entretenaient des relations illicites. Certains ont perdu leur travail parce qu'ils utilisaient l'ordinateur du bureau. Mais, à mon avis, la plus grande perte réside dans l'illusion entretenue de la femme facile, toujours sexuellement disponible, mais qui ne livre que son sexe, jamais son cœur ni son âme.

La sexualité, c'est beau, c'est bon, c'est nécessaire. Non seulement assure-t-elle la survie de l'espèce, mais nous, humains, en avons fait aussi une fonction de plaisir et d'échange. Il y a de grandes similitudes entre les actes sexuels des films pornos et les gestes des amoureux, sauf le contexte dans lequel ils sont faits. C'est le lien amoureux qui donne tout son sens à l'acte sexuel. Autrement, ce n'est que frottage d'épiderme pour une simple libération de tension. Là se situe l'arnaque : croire que si l'homme rencontre une telle femme, il sera enfin heureux, au même titre que la femme qui, elle, naviguera sur les sites de rencontre pour trouver son « âme sœur », son alter ego qui l'attend désespérément quelque part et qui se morfond en espérance. Les deux se font avoir, car ni l'un ni l'autre ne verront leurs espoirs se réaliser. La femme de la page centrale du Playboy et l'âme sœur sont pour moi deux illusions à l'aulne desquels des hommes et des femmes mesurent leur malheur sexuel et sentimental.

À quoi sert la vibration des sexes si elle ne s'accompagne de la vibration des cœurs et des esprits ?

Demander à une femme de répondre à toutes les attentes sexuelles illusoires de l'homme tue le désir de la femme. C'est effectivement ce qui se passe lorsque l'homme veut lui imposer sa fréquence et ses fantasmes sexuels. La perte de libido de la femme après quelques années de vie commune est l'une des principales sources de consultation en sexothérapie. Heureusement, l'homme sain, au-delà d'une partenaire sexuelle, recherche lui aussi une complice pour se réaliser et une compagne de vie.

Les comportements « machos » ou la peur des femmes
Ce qui suit décrit les comportements typiques d'un « macho », pris dans le sens négatif du terme et non dans son sens espagnol. Macho, en espagnol, signifie tout simplement homme, mâle, viril. L'homme viril ne se comporte pas comme décrit ci-dessous.

C'est plutôt l'homme malsain + qui correspond à la description suivante et qui aura peur de s'engager réellement avec une femme. Le macho devient l'équivalent de la mégère.

- Il met de l'avant de façon exacerbée toutes les caractéristiques masculines.
- Il croit que la femme lui est inférieure et qu'il faut la limiter aux tâches subalternes.
- Il pense que l'homme est le pourvoyeur d'argent et que la femme doit entretenir la maison et s'occuper des enfants.
- Pour lui, seuls les hommes ont le pouvoir de décider.
- Il a des idées très conservatrices.
- Il se donne le droit d'avoir des aventures extraconjugales.
- Il exalte les différences sexuelles au profit du mâle et au détriment de la femme.
- Il se conduit souvent de façon grossière avec les femmes.
- Il perçoit toutes les femmes comme de simples objets sexuels.
- Il quitte dès la conquête consommée.
- Il dit à la femme : « Sois belle, et tais-toi ».
- Il ment pour toutes sortes de raisons, surtout par orgueil.

Si tant d'hommes cherchent à dominer ou contrôler leur conjointe par la colère et la menace, serait-ce parce qu'ils ont peur d'elle ? Peur d'être contrôlé par elle ? Peur de passer pour une mauviette aux yeux de leurs copains aussi machos qu'eux ? Peur d'éprouver des émotions et des sentiments qui pourraient les submerger ? Peur de perdre des privilèges ? Croyez-vous, Messieurs, qu'en dominant, en manipulant ou en contrôlant votre partenaire, vous ferez disparaître ces craintes ? Au contraire, car contrôle et harmonie sont antinomiques dans une relation conjugale réussie.

Est-ce parce que vous avez été élevé à la dure – un homme, ça ne pleure pas et c'est toujours en contrôle de soi – que vous cherchez à dominer les femmes et refusez de leur faire confiance? Est-ce parce que vous croyez que l'homme est supérieur à la femme que vous refusez de les considérer comme vos égales, tant au plan du couple qu'au plan sociétal? Croyez-vous vraiment que l'homme doive toujours avoir le dernier mot? Ou avez-vous tellement peur de votre propre fragilité que vous vous montrez si hautain, si froid, si fort? Ou est-ce parce que vos relations avec les femmes – en commençant par votre mère, vos sœurs et vos premières petites amies – ont été tellement souffrantes que le machisme représente pour vous une réaction d'autodéfense pour ne plus avoir à souffrir? Votre séparation ou votre divorce a-t-il si mal tourné que vous en voulez aux femmes de la terre entière? Avez-vous peur d'aimer parce que vous avez peur d'être exploité ou… abandonné?

Aimer, c'est donner la possibilité à l'autre de nous faire souffrir.

J'ai une bonne nouvelle pour vous, machos: vos peurs vous indiquent ce que vous devez apprivoiser. Plus vous apprivoiserez votre vulnérabilité, votre sensibilité, votre peur d'être abandonné, plus vous serez «humain», et plus vous pourrez développer une véritable relation interpersonnelle faite d'intimité et d'entraide réciproque. Cela peut sembler paradoxal, mais plus vous cherchez à contrôler vos partenaires, plus celles-ci réagiront de telle sorte qu'elles vous confirmeront dans vos peurs. Plus vous chercherez des femmes malsaines faciles à séduire et à dominer, moins vous les respecterez et moins vous vous respecterez.

Ne cessez pas d'avoir peur, mais osez aller vers la femme avec vos peurs et apprivoisez-vous à elle. Vous verrez, le jeu en vaut la chandelle. Plus vous ferez confiance à ses capacités et caractéristiques féminines, plus vous trouverez en elle une alliée compréhensive et indéfectible. Votre sentiment de sécurité se développera à l'intérieur de vous, non en recherchant la femme qui n'existe que dans votre tête.

La meilleure façon pour un homme de faire fuir une femme saine, c'est de jouer à celui qui sait tout, qui sait mieux que les autres, qui se montre condescendant ou qui joue à l'indépendant. Tout ceci sonne faux et vous ne duperez pas les femmes saines qui ont le pif pour sentir l'honnêteté ou le mensonge des hommes et des femmes. Elles ont une capacité naturelle d'empathie supérieure à celle des hommes et cela leur permet de «sentir» si l'autre est transparent ou non. Cessez de croire que le contrôle vous rendra heureux. C'est faire preuve d'ignorance de la loi du paradoxe et du principe de la balle au mur. La loi du paradoxe dit que plus vous cherchez à obtenir quelque chose, moins vous l'obtenez, comme dans le cas de l'insomniaque. Le principe de la balle au mur dit que vous obtenez ce que vous offrez : méprisez votre partenaire, elle vous méprisera. Aimez-la, elle vous aimera.

Le respect de sa féminité
Les femmes ont non seulement droit au respect de leur partenaire dans ce qu'elles sont et font différemment, mais elles ont aussi droit à leur confiance. Je n'hésite jamais à conseiller aux femmes de faire la révolution ou de divorcer lorsqu'elles n'obtiennent pas ce respect, parce qu'à la longue elles perdront le respect d'elles-mêmes et accentueront le non-respect de leur partenaire pour elles. Un homme qui respecte sa partenaire et a confiance en elle est capable, par exemple, de lui confier l'administration des comptes

Faire confiance à quelqu'un est une preuve que vous anticipez le meilleur.

et de signer des chèques en blanc. Le faire, c'est considérer qu'elle puisse être meilleure que vous en comptabilité, ce qui ne vous enlève rien.

Si tant de femmes sont critiques, c'est qu'elles sentent que leur partenaire les sous-estime. La femme a besoin de cette estime pour être au meilleur d'elle-même et, à son tour, faire confiance à son homme et s'abandonner à lui. Toute femme saine mérite qu'on lui parle avec déférence. Aucune violence verbale, encore moins physique, ne devrait être tolérée. Évidemment, si votre partenaire accepte que vous lui parliez sur un ton méprisant (femme malsaine -) ou vous répond du tac au tac (femme malsaine +), cela prouve, selon le principe du miroir, que vous êtes vous-même un homme malsain. Lui manquer de respect, c'est aussi vous manquer de respect, puisque vous méprisez la personne que vous avez choisi. Ne pas faire confiance à autrui est signe que vous n'avez pas confiance en vous-même.

Des marques d'attention

«Chéri, est-ce que tu m'aimes?» Quel homme n'a jamais entendu cette phrase? Quel homme n'a jamais entendu aussi la question suivante: «Tu n'as rien remarqué?». Ces questions, surtout la deuxième, embarrasse l'homme qui ne sait que répondre: «Il faut croire que oui si je vis avec toi», «Remarqué quoi?». Ce que tout homme devrait comprendre, c'est que sa partenaire a besoin d'être régulièrement réassurée sur l'existence de la relation et qu'elle a aussi besoin de sentir qu'elle est importante à ses yeux.

Si on compare la femme à la mer, on pourrait comparer l'homme à la terre: la terre bouge et change beaucoup moins rapidement que la mer. Comme tout être humain normal a tendance à croire que les autres fonctionnent comme lui-même, l'homme sera porté à croire que la femme est stable et la femme, que l'homme est tout aussi variable qu'elle. D'où son besoin de multiples marques d'attention, et surtout de paroles, pour être réassurée sur la pérennité de la relation. Dire régulièrement la formule magique « Je t'aime » ou « Tu es la femme de ma vie » ne coûte rien et rapporte beaucoup.

En fait, ce n'est pas vrai que cela ne coûte rien. Il faut être un homme pour savoir la difficulté que la plupart des hommes éprouve à exprimer un sentiment ou une émotion. Non seulement, exprimer une émotion représente souvent un signe de faiblesse pour nombre d'hommes, mais exprimer une émotion, c'est se mettre à nu ; c'est se montrer vulnérable ; c'est donner du pouvoir à l'autre. Exprimer une émotion, c'est engageant. Croyez-moi ou non, mais j'ai reçu des clients qui vivent avec leur femme depuis des décennies et qui ne lui ont jamais dit « Je t'aime ». Pour un homme qui fonctionne de façon linéaire, dire « Je t'aime, ma chérie », c'est compromettant, car c'est s'engager pour la vie.

Tel n'est pas le cas pour la femme qui, à travers l'histoire de l'Humanité, a appris à exprimer ses émotions et utiliser ces émotions pour établir des relations. Et ce n'est pas parce qu'une femme vous a dit une fois « Chéri, je t'aime » que vous avez une garantie à vie. D'où l'importance de lui dire et de lui démontrer par des gestes que vous l'aimez et que vous tenez à elle. Il n'est point nécessaire que ces gestes soient grandioses.

Si vous êtes père d'un garçon et d'une fille, vous avez dû vous rendre compte que dès leur plus jeune âge, la petite fille cherche à attirer l'attention sur elle-même alors que le petit garçon attire l'attention sur ce qu'il fait. La petite fille tournera sur elle-même alors que le petit garçon montrera le camion qu'il vient de construire lorsqu'ils diront : « Papa, regarde ! ». Le petit garçon s'activera en grimpant aux arbres alors que la petite fille fera des dessins de personnes. L'activité est la priorité de l'homme, la relation, celle de la femme. Alors qu'attendez-vous, Messieurs, pour lui confirmer que vous êtes bien dans la relation et que vous voulez vous y investir. Le centième « Je t'aime » est beaucoup plus facile à dire que le premier[65] et peut être encore plus sincère.

Je sais, et des études britanniques l'ont prouvé, que les hommes dans leur ensemble déteste le magasinage. Pourtant, voilà l'une des meilleures stratégies que l'homme peut utiliser pour confirmer à sa femme qu'il fait attention à elle. La prochaine fois que vous irez magasiner (faire les boutiques) avec elle, prenez furtivement en note les choses (bijoux, blouse, foulard...) devant lesquelles elle s'est extasiée et vous aurez suffisamment d'idées pour lui manifester des marques d'affection pour quelques mois. N'oubliez pas de prendre aussi en note le nom de la boutique... à son insu.

La dévotion
En dehors de son acception religieuse, le terme « dévotion » définit un attachement ardent à quelqu'un. Sentir que son partenaire est dévoué au couple et à la famille et qu'elle peut toujours compter sur lui sécurise la femme. Non pas qu'elle ne puisse trouver en elle-même sa propre sécurité, mais parce que sa nature de femme et son monde intérieur changeant la mettent dans des situations d'insécurité. Je trouve très significatif que le mot enceinte se dise *embarazada* en espagnol. De sentir que son partenaire se con-sacre non seulement à son propre bien-être, mais aussi au sien et

---

[65] À chaque fois que vous dites « Je t'aime », vous sensibilisez un circuit neurologique dans votre cerveau qui fait que non seulement vous avez plus de facilité à le dire, mais votre femme devient plus aimable. C'est drôle, non ?

à celui des enfants (existants ou à venir), facilite chez la femme l'abandon à sa mission biologique et l'abandon dans les bras de son homme.

La dévotion ne signifie pas que l'homme doive se mettre à genoux devant sa femme. Au contraire, car la femme a besoin de sentir que son conjoint se tient debout et ne se laisse pas facilement désarçonné par ses scénarios de catastrophes, particulièrement lors de ses grossesses, moment où son taux de progestérone est à son maximum, et lors de périodes difficiles au plan financier. Elle a besoin de se faire dire : « On va passer au travers ». C'est pourquoi, encore aujourd'hui, nombre de films états-uniens présentent les hommes comme le sauveur des femmes. Quoiqu'on assiste de plus en plus à la réalisation de films où c'est la femme, ou un groupe de femmes, qui devient la super héroïne qui ne craint rien et qui va à la défense des gens en difficultés. Les temps changent.

La valorisation sentimentale

Quelle femme n'a jamais entendu des phrases telles que : « Tu t'en fais pour rien », « Tu exagères encore ! », « Tu vois tout en noir », ou pire « T'es une véritables hystérique ». Rien n'est plus dévalorisant et angoissant pour une femme que de ne pas être reçue dans ses intuitions ou ses pressentiments. Ou de se faire repousser lorsqu'elle a envie d'être câlinée, et seulement câlinée. La femme vit, au-delà du monde physique, dans un monde subjectif fait d'émotions et de sentiments. Lorsqu'elle exprime son vécu, positif ou négatif, et qu'elle ne se sent pas écoutée par son partenaire, il est fort à parier qu'elle non plus ne sera pas réceptive aux attentes et besoins légitimes de son partenaire.

Émotion et sentiment sont les deux côtés d'une même médaille. Certaines émotions se traduisent par des réactions corporelles (expressions faciales de joie ou de peur...) et des actions physiques (fuite ou agression). D'autres se manifestent par des réactions physiologiques (sécrétion d'adrénaline, augmentation du rythme cardiaque...). Elles sont généralement visibles et mesurables. Il en va tout autrement des sentiments qui sont davantage des pensées subjectives que des actions concrètes. Le sentiment est plus intérieur et plus intime : il est au cœur même de la personne et souvent le résultat d'une plus ou moins longue réflexion, comme le sentiment amoureux comparé à la passion. On pourrait dire de l'émotion qu'elle est un processus mental qui s'exprime dans le corps.

Contrairement à l'homme, dont le cerveau fonctionne par «tiroir» (une seule chose à la fois), le cerveau de la femme fonctionne de façon holistique. Accueillir ou éconduire une émotion ou un sentiment féminin, c'est accueillir ou repousser la personne tout entière. Qu'un homme se fasse dire non à une demande, il reviendra à la charge. Dites non, par exemple, à une demande sexuelle de votre partenaire et vous risquez fort qu'elle vous dise quelque chose comme : «Ce n'est pas de sitôt que je vais te refaire cette demande. Tu trouves que je ne prends pas assez d'initiative et quand je la prends, tu ME repousse». C'est l'une des raisons pour lesquelles elles réagissent si négativement (parce qu'elle a été éconduite) ou de façon enthousiaste (parce qu'elle se sent acceptée et valorisée dans ce qu'elle est).

Peu importe le sentiment exprimé, c'est presque une question de vie ou de mort pour la femme. Rappelez-vous que pendant longtemps sa survie dépendait de sa relation à l'autre et vous comprendrez qu'être valorisée, ou au moins reçue, dans ses sentiments et réactions émotives, est une façon très directe de lui démontrer l'importance qu'elle a pour vous. D'être ouvert à ce besoin de valorisation sentimentale la rendra plus ouverte à votre propre besoin d'être valorisé dans vos actions et vos initiatives. Repoussez-la et vous serez repoussé.

Le choix de l'homme heureux

L'homme adulte et heureux cesse d'entretenir l'espoir d'une princesse toujours charmante et réceptive. Votre femme n'est pas parfaite et ne le sera jamais. Vous ne réussirez jamais à la satisfaire totalement, mais vous pouvez essayer en respectant les quatre attentes légitimes de la femme saine. L'homme heureux est un homme centré, autonome, bien différencié et qui reconnaît que sa femme puisse aussi l'être. Au-delà des attentes légitimes de sa partenaire, l'homme doit aussi tout faire pour satisfaire ses besoins conjugaux fondamentaux.

6

Les cinq besoins conjugaux fondamentaux des femmes

La plus grande erreur des hommes est de croire que les femmes ont les mêmes besoins qu'eux. En tant qu'êtres humains, nous avons tous les mêmes besoins mais, en tant qu'êtres sexués, l'ordre d'importance de ces besoins varie. La plupart des femmes n'ont pas tellement besoin d'être valorisées pour ce qu'elles font, mais surtout pour elles-mêmes. La femme ne ressent pas le besoin d'une activité sexuelle génitale aussi intense et fréquente que son partenaire, même si cette sexualité génitale contribue à son épanouissement. Toutefois, elle compte sur son partenaire pour la satisfaction de ses cinq besoins fondamentaux et elle aimera et demeurera avec l'homme qui saura le mieux satisfaire ses besoins légitimes.

La banque d'amour

Selon le psychologue Willard F. Harley[66], nous possédons une banque d'amour constituée d'autant de comptes affectifs que de personnes que nous connaissons. J'aime bien cette idée de la banque d'amour, idée reprise par Gottman et son équipe sous l'appellation « compte d'épargne émotif » et par Gary Chapman comme un « réservoir émotionnel ». Toute inter-relation agréable avec une personne ajoute un dépôt dans le compte de cette personne et toute interaction pénible provoque un retrait. Nous entretenons plus facilement les relations dont le solde est élevé et évitons les relations dont le solde est au passif. Et nous « tombons » en amour avec la personne de l'autre sexe dont le compte en banque d'amour est le plus élevé.

Au début d'une relation amoureuse, les dépôts sont fréquents car chacun cherche à séduire l'autre. Durant la lune de miel, l'actif dépasse largement le passif car les amoureux passent beaucoup de temps ensemble, s'expriment leur amour réciproque et font fréquemment l'amour. Les sensations, les émotions et les rêves sont passionnés, ce qui cimente la relation. Pendant cette période, tout est facile. Vient un temps, toutefois, où, à cause des conflits insolubles et des crises inévitables, des retraits commencent à se faire. Les membres des couples heureux savent regarnir leur compte en banque lorsque l'actif baisse. Mais, chez certains couples, les retraits finissent par dépasser largement les dépôts, amenant ainsi le couple aubord de la faillite. Le réservoir émotionnel a fini par se vider.

---

[66] Harley, Willard F., *Elle et lui. Combler les besoins de chacun pour une relation durable*, Brossard, Un monde différent, 2e éd. 2009. Plusieurs des idées présentées dans ce chapitre sont tirées de son livre.

L'homme qui veut être heureux à long terme doit donc tenir compte des besoins conjugaux fondamentaux de sa conjointe car celle-ci fera un dépôt chaque fois que l'un de ses besoins sera satisfait. Il augmentera ainsi les probabilités que sa partenaire fasse de même. Si, au contraire, il ne tient pas compte des besoins de sa partenaire, il se peut que le compte en banque qu'elle entretient pour un collègue de travail ou un voisin dépasse un jour le solde de celui qu'elle entretient avec son conjoint et que l'irréparable survienne.

Quels sont donc ces besoins fondamentaux de la femme? Pour vérifier votre connaissance, indiquez dans le tableau ci-après si les besoins énumérés sont plus féminins ou plus masculins. Cinq de ces besoins sont davantage féminins et cinq, masculins. Puis, rangez-les en ordre d'importance de 1 à 5 autant pour les besoins féminins que masculins. Il existe d'autres besoins conjugaux exprimés par les hommes et les femmes, j'en ai énuméré vingt-cinq dans mon Test d'évaluation du bonheur conjugal[67], mais je crois que les dix besoins ci-dessous sont les plus importants pour la réussite de votre vie conjugale.

Je fais une différence entre les attentes du chapitre précédent et les besoins énumérés dans celui-ci. L'attente est un souhait, une espérance, un désir. Le besoin est plus fondamental qu'une attente car la non-satisfaction de ceux-ci affectera grandement la survie du couple.

---

[67] Vous pouvez remplir ce test en vous rendant à www.coupleheureux.com.

Besoins conjugaux	Plus féminin	Plus masculin
Communication verbale		
Engagement familial		
Honnêteté et transparence		
Jeux et loisirs		
Paix et tranquillité		
Sécurité financière		
Séduction		
Satisfaction de ses besoins affectifs		
Satisfactions de ses besoins sexuels		
Valorisation de ses compétences		

Tableau 3. Les besoins conjugaux féminins et masculins

Il se peut que la liste des cinq besoins féminins ci-après, présentés par ordre d'importance, vous apparaisse plutôt conservatrice, mais ma pratique en psychothérapie conjugale m'a confirmé le bien fondé de ces besoins féminins. Leur frustration constitue la récrimination la plus fréquente que j'ai entendue de la part des femmes, tant dans mon bureau qu'autour de moi. Il s'agit qu'un seul de ces besoins soit frustré pour mettre le couple en péril. Oui, il y a des exceptions au sexe des besoins et à leur ordre d'importance, mais elles sont plutôt rares. Des hommes me consultent parce que leur femme ne parle pas assez de ses émotions, mais si peu. Des femmes me consultent pour l'absence ou le manque d'activités sexuelles, mais devinez combien.

Parmi les hommes qui n'arrivent pas à satisfaire les besoins légitimes de leur partenaire, peu le font par égoïsme, mais plutôt par ignorance de l'importance et de l'intensité de ces besoins. Après ce chapitre, Messieurs, vous ne pourrez plus plaider l'ignorance. Et si vous acceptez de bonne grâce d'en tenir compte, vous découvrirez des plaisirs insoupçonnés et gagnerez une femme aimante et dévouée pour la vie. Tenir compte des besoins de sa partenaire est un investissement, non une soumission. Rappelez-vous le principe de la balle au mur.

La satisfaction de ses besoins affectifs

Trop peu d'hommes comprennent les besoins affectifs des femmes au même titre que très peu de femmes comprennent l'intensité des besoins sexuels des hommes. Pour la femme, surtout la jeune femme, l'affection est aussi essentielle à son bien-être que la nourriture ou la respiration. Lorsqu'une femme choisit un homme comme partenaire, elle recherche un complice pour partager intimité et sentiments. Son premier critère de sélection n'est pas la beauté du corps, mais la bonté du cœur. Est-il affectueux? Est-il attentif? Elle est alors prête à renoncer à tous les autres hommes si elle trouve avec ce partenaire toute l'affection dont elle a besoin. Comme, au début, l'homme est particulièrement empressé, enveloppant et qu'il lui donne vraiment l'impression qu'il l'aime autant qu'elle peut l'aimer, elle s'imagine qu'il sera toujours ainsi, et même plus. Tout comme vous croyez, Messieurs, que votre partenaire sera toujours aussi disponible sexuellement qu'elle l'est au tout début, et même plus.

Le « manque d'affection » est l'une des principales plaintes formulée par les femmes en thérapie conjugale. C'est ce manque d'affection qui pousse habituellement les femmes dans les bras d'un autre homme qui lui démontre de l'intérêt. Pour la femme, la sexualité est une conséquence et non un objectif. Elle sera d'autant plus disponible sexuellement que ses besoins affectifs seront comblés et l'environnement sécurisant. Pour comprendre l'intensité de la frustration affective d'une femme, l'homme n'a qu'à se rappeler ce qu'il vit lorsqu'elle refuse de faire l'amour.

Lorsqu'il s'agit de sexe et d'affection, vous ne pouvez avoir l'un sans l'autre.
Willard F. Harley

La femme a souvent l'impression d'avoir été «abusée» affectivement par son partenaire qui, au début, se montrait si affectueux pour se retrouver, quelques années plus tard, avec un homme qui lui donne l'impression qu'il a toujours la même idée dans la tête : sexe, sexe, sexe. Elle en conclut qu'il ne respecte pas ses engagements affectifs.

Ne venez surtout pas me dire que vous n'êtes pas du genre affectueux. Tout homme de bonne foi peut apprendre à être affectueux au même titre que toute femme de bonne foi peut développer son érotisme et apprendre à être plus sexuelle. Apprendre à être affectueux, même si cela vous demande des efforts, est le meilleur investissement que vous puissiez faire pour que vos cinq besoins conjugaux fondamentaux soient satisfaits au-delà de vos espérances.

Peut-être n'êtes-vous pas affectueux verbalement? Peut-être avez-vous de la difficulté à exprimer en mots ce que vous ressentez? Je veux bien l'admettre, mais je vous le répète : vous pouvez apprendre. En attendant, il y a un geste que vous pouvez facilement faire : la prendre dans vos bras, en contenant vos arrières pensées sexuelles. L'étreinte est pour nombre de femmes quelque chose d'aussi essentiel que faire l'amour est nécessaire pour l'homme. Prendre votre femme dans vos bras avant de partir et en revenant du travail, lui prendre la main lorsque vous marchez ensemble sont deux façons de lui dire tout votre amour. Dire «Je suis content de te voir», «Je t'aime», «Tu es importante pour moi», «Je serai toujours là pour toi, quoi qu'il arrive»… est à la portée de tous les hommes.

Les femmes entre elles s'étreignent spontanément et n'y voient là rien de sexuel, contrairement aux hommes qui n'osent le faire entre eux pour cette raison (du moins en Amérique du Nord). Les femmes prennent facilement des enfants, des animaux et même des objets (poupées, ours en peluche) dans leurs bras. Elles sont souvent très surprises et peuvent se sentir mal à l'aise parce qu'un ami, un collège de travail ou un voisin a pu voir dans une étreinte un geste sexuel. Prendre régulièrement votre femme dans vos bras, sans mettre les mains là où vous pensez, Messieurs, est une excellente façon d'enrichir votre compte en banque affectif et, paradoxalement, sexuel. Les membres des couples heureux à long terme se touchent au moins cinq minutes par jour dans un contexte non sexuel et surtout non-génital.

Au-delà de l'étreinte, voici quelques petits gestes fortement appréciés par les femmes en général :
- Lui dire bonjour au réveil et bonne nuit avant de sombrer dans le sommeil.
- Lui prendre occasionnellement la main lors des repas en tête à tête.
- Lui téléphoner du bureau pour lui dire simplement : « Je t'aime », et lui demandez si tout va bien. Vous pouvez aussi lui laisser un message sur le répondeur.
- Lui faire une surprise en laissant des petits mots d'amour cachés un peu partout.
- Avant de quitter le bureau, appelez-là pour savoir si elle a besoin de quelque chose et lui dire l'heure de votre arrivée.
- Ne jamais oublier un anniversaire quelconque. Et ne lui faites que des cadeaux personnels, jamais des cadeaux utiles.

Les femmes peuvent vous apprendre beaucoup sur l'expression affective si vous les observez ou leur demandez. N'oubliez jamais que, pour une femme, un échange sexuel commence généralement par un échange affectueux. Mais ne lui dites pas que vous l'aimez seulement parce que vous voulez du sexe, dites-lui que vous l'aimez tout simplement parce que vous l'aimez.

Pour le psychologue William F. Harley, «l'affection est l'environnement et la relation sexuelle un événement». Ceci résume très bien le point de vue de la femme: l'événement survient lorsque l'environnement y est propice. Même si cela peut paraître vieux jeu ou stéréotypé, le chemin du cœur constitue le meilleur chemin pour ouvrir le corps d'une femme, alors que c'est le chemin du corps qui ouvre le cœur d'un homme. Chose certaine, l'un ne va pas sans l'autre.

La communication verbale

Au-delà d'une compagne sexuelle, les hommes recherchent une compagne qui acceptera de partager ses loisirs et ses jeux. Connaissez-vous, Messieurs, le jeu préféré des femmes, celui auquel toute femme saine s'adonne le plus souvent possible? Oui, oui… le dialogue.

Nous venons peut-être de planètes différentes, mais nous vivons sur la Terre maintenant.

Alors que vous préférez les jeux d'action et de compétition, en couple ou en groupe, le loisir préféré des femmes ressemble davantage à une bonne conversation avec vous autour d'un souper aux chandelles ou à un entretien téléphonique avec sa meilleure amie.

Au début, les hommes sont très communicatifs. Leurs appels téléphoniques, par exemple, ne dureront plus jamais aussi longtemps que pendant la phase de séduction. Toutes les occasions sont bonnes pour converser et les sujets ne manquent pas.

Mais, dès la conquête assurée, on dirait qu'il perd tout intérêt à ces conversations et qu'il préfère lire son journal ou regarder la télévision. Il peut même trouver agaçant que sa partenaire passe tant de temps à converser avec ses amies. Elle le fait souvent parce qu'elle a l'impression qu'il se désintéresse d'elle. Les hommes ne ressentent pas autant le besoin de parler que leur femme. Et quand ils parlent, ils parlent généralement de choses pratiques. Lors des silences, les femmes font des retraits de leur banque d'amour, car pour faire l'amour, elles ont besoin de se sentir proches de leur partenaire, ce que la communication verbale leur procure.

Il faut du temps pour communiquer, certes, mais si vous n'investissez pas dans le dialogue, ne vous surprenez pas que votre couple fasse faillite. Les membres des couples heureux passent un minimum de cinq heures par semaine en tête à tête. Ce n'est pas beaucoup comparé à tout le temps passé ensemble lors de leur lune de miel, mais c'est suffisant. Ces cinq heures ont comme seul objectif d'être ensemble pour mieux se connaître et se tenir réciproquement au courant de ce qui arrive à chacun et au couple. C'est du temps où l'on se rappelle de bons souvenirs et où

Dans le psychisme féminin, la conversation se mêle à l'affection.
W. F. Harley

on élabore des projets à cours, moyen et long terme. À ces cinq heures, il faut toutefois ajouter les activités familiales et sociales pour les loisirs. Au total, selon Harley, l'homme devrait passer au minimum quinze à vingt heures par semaine avec sa partenaire pour s'assurer une union heureuse à long terme.

Comme il n'y a que cent soixante-huit heures dans une semaine, vous serez obligé de renoncer à certaines activités afin de pouvoir investir du temps avec votre partenaire. Ce renoncement vaut la peine si vous voulez faire d'elle votre meilleure amie/amante et non seulement la mère de vos enfants. Vous avez certes droit à votre vie personnelle, mais si vous n'investissez pas ce temps d'intimité avec votre compagne, ne vous surprenez pas si elle vous dit régulièrement que vous n'êtes «jamais» là. Les hommes investissent beaucoup de temps, d'énergie et d'efforts dans leur travail; c'est pourquoi ils réussissent généralement très bien. Mais s'ils n'investissent pas temps, énergie et efforts dans leur couple, qu'ils ne se surprennent pas que leurs femmes parlent de divorce. Il n'y a pas de doute que les femmes veuillent aussi profiter de leur confort, mais à quoi sert la plus belle des maisons si elle s'y retrouve la plupart du temps seule.

À chaque fois que vous dialoguez avec votre partenaire et que celle-ci vit des moments de qualité en votre compagnie, vous faites des dépôts dans sa banque d'amour pour vous. De nombreuses femmes investissent temps, énergie et efforts dans leur travail, les soins aux enfants et l'entretien de la maison en attente de pouvoir passer quelques heures en compagnie de leur partenaire. Si vous ne la secondez pas dans cette tentative de conciliation travail-famille-couple, vous serez aux prises avec une femme qui critique plus souvent qu'elle ne vous valorise et qui, épuisée, verra sa libido diminuée. Deux choses à surveiller lorsque vous conversez avec votre partenaire: que le contenu de la conversation soit positif et qu'il y ait un équilibre sur les thèmes choisis et le temps pris par chacun.

L'honnêteté et la transparence
Pourquoi, Messieurs, croyez-vous que votre partenaire veuille tant converser avec vous. Oui, pour tous les motifs déjà énumérés, mais il y en a un autre: elle veut s'assurer qu'elle peut vous faire totalement confiance. Elle veut savoir si vous lui dites

vraiment ce que vous ressentez et pensez. Elle vérifie si vous êtes honnête et transparent. Elle évalue si elle peut lâcher prise et s'abandonner totalement à vous.

De nombreuses clientes m'ont confirmé qu'elles préfèrent que leur partenaire leur dise des choses désagréables plutôt que le silence. Savoir que leur conjoint ne cherchera pas à leur cacher des faits de peur de lui déplaire, être certaine qu'il lui dira non quand il n'a pas le goût de lui dire oui, être assurée qu'il sera franc avec elle pour des sujets difficiles, en fait savoir qu'il lui dit toujours la vérité… confirmera à la femme qu'il est sincère lorsqu'il lui dit : « Chérie, je t'aime ». Tout ne doit pas être nécessairement dit en couple, mais tout devrait pouvoir se dire si un climat de confiance réciproque s'est construit avec le temps. Comment voulez-vous bien vous comprendre, vous connaître et négocier des ententes à double gagnant, si l'un des deux partenaires n'est pas totalement transparent. Pour la femme, sentir que son partenaire fait preuve de complaisance ou qu'il n'est pas sincère sèmera le doute sur l'ensemble de la relation.

Je suis le premier à suggérer aux femmes de fuir les menteurs et les manipulateurs pathologiques, car la relation ne peut que devenir toxique. Mais il existe aussi des menteurs de bonne foi : ceux qui veulent éviter des réactions intempestives de leur partenaire ou ceux qui ont peur de les blesser ou de les déranger. Les premiers n'avoueront pas, par exemple, qu'ils ont oublié de payer telle facture ou de faire tel message. Les seconds cacheront qu'ils ont des problèmes au bureau en disant que tout va bien. Dans les deux cas, lorsque la vérité sort, ces hommes risquent fort de se faire dire : « Mais pourquoi tu m'as caché ça ? » ou « Pourquoi ne m'en as-tu pas parlé avant ? ».

Pour la femme, ces mensonges sont des indices que son partenaire ne lui fait pas confiance. Et comment pourrait-elle avoir confiance en quelqu'un qui ne lui fait pas confiance ? Comment pourrait-elle réagir adéquatement si elle ne connaît pas la vérité, toute la vérité ? Chaque mensonge par omission, pour faire plaisir, par politesse, pour améliorer la situation, pour protéger l'autre… sont autant de retraits de la banque d'amour. L'homme qui ment sous-estime sa partenaire et fait preuve d'un orgueil machiste. Qu'il ne se surprenne pas que sa partenaire puisse alors avoir des réactions émotives qu'il trouve intempestives et exagérées.

Par contre, chaque vérité renforcit la stabilité émotionnelle de votre partenaire. Imaginez un lac. L'eau, c'est la femme. La terre, c'est l'homme. Si vous n'êtes pas vrai et sincère, si vous n'osez pas être vous-même, le mélange de l'eau et de la terre donnera de la boue. Mais si, au contraire, vous vous affirmez sans vous imposez, si vous êtes solide et vrai, il n'y aura pas de mélange boueux puisque chacun saura *Le mensonge tue,* où se trouve l'autre ; il y aura une belle *la vérité construit.* plage tout autour du lac. Chacun a droit à sa vie privée et à sa vérité, mais pour qu'il y ait une saine intimité, tout devrait être transparent. Ni l'un ni l'autre n'aura besoin d'utiliser un mot de passe secret pour protéger son ordinateur ; seule la confiance suffira si l'honnêteté et la transparence règnent entre les partenaires. La confiance suscite le respect du territoire de l'autre.

C'est la méfiance qui pousse une partenaire à fouiller votre courrier, à vérifier vos appels sur votre téléphone cellulaire, à consulter l'historiques des sites visités, à investiguer votre portefeuille, à votre insu. Votre conjointe devrait pouvoir avoir accès à vos secrets les plus intimes. La femme saine sait que ces secrets ne doivent pas être dévoilés, mais sachant que vous prenez le risque de vous mettre à nu, elle vous respectera davantage et préservera votre intimité. Le couple est un jeu d'équipe dont chaque joueur doit connaître parfaitement les règles et les respecter.

Lorsque je reçois un couple en thérapie la première fois, c'est pour une période de trois heures : une heure avec l'un, une heure avec l'autre, une heure en couple. J'initie les rencontres individuelles en disant que j'ai besoin du maximum d'information pour pouvoir les aider et que tout ce qu'ils me diront sera évidemment couvert par le secret professionnel. Le contenu de la troisième heure de rencontre est strictement limité à ce que l'un ou l'autre veut bien aborder. Pendant les deux premières heures, j'apprends souvent des choses tenues secrètes à l'autre partenaire depuis très longtemps. J'encourage évidemment chaque partenaire à les aborder lors de la troisième heure afin de se libérer de leur culpabilité et retrouver ce que j'appelle la fidélité émotive. Certains le font, d'autres pas.

Parmi ceux et celles qui le font, les réactions sont parfois intenses (colère, anxiété…), surtout s'il s'agit d'infidélité. Mais les probabilités d'un divorce consécutif sont amoindries de moitié du fait même de cette révélation par le repenti. La plaie guérit avec le temps et le couple peut se reconstruire s'ils redeviennent sincères et transparents. La confiance renaît *Faute avouée, à moitié pardonnée.* petit à petit, mais cela peut prendre des mois et parfois des années. Pour les couples qui se séparent suite à l'aveu, c'est le mensonge, plus que l'acte, qui est la réelle cause du divorce.

La sécurité financière

Si les femmes ont tant besoin de dialoguer pour vérifier l'honnêteté et la transparence de leur partenaire, c'est qu'elles vivent une insécurité viscérale atavique. C'est la raison pour laquelle elles choisissent généralement des hommes plus âgés de deux à trois ans au minimum et plus grands qu'elles d'environ dix centimètres. La femme recherche la puissance chez l'homme comme l'homme recherche la fertilité chez la femme. Qu'on le veuille ou non, même si aujourd'hui les femmes sont de plus en plus autonomes financièrement, la sécurité financière est l'un de leurs besoins conjugaux fondamentaux. La femme veut s'assurer, de façon très légitime, que l'homme qu'elle choisira gagnera suffisamment d'argent pour subvenir à ses besoins et à ceux de ses enfants.

J'entends les hauts cris de certaines : «C'est dégueulasse de penser que les femmes choisissent un homme pour son argent» ou «Jamais je ne quitterai un homme parce qu'il ne gagne pas suffisamment d'argent». Et pourtant... qui à l'école ou à l'université était le jeune homme le plus recherché? Celui qui y allait en bicyclette ou en voiture? Et pourtant... les fans-club sont presque exclusivement constitués d'adolescentes parce que leurs vedettes préférées représentent la gloire, l'excitation, la sécurité et qu'elles voudraient être l'élue, comme dans les contes de fée ou le prince fait accéder la guenillou au rang de princesse. Et pourtant... ce sont les hommes les plus riches qui ont le choix parmi les plus belles femmes du monde. Et pourtant... j'ai reçu des couples où la femme avait perdu tout respect et toute admiration parce que son mari avait perdu son emploi. Et pourtant... les féministes les plus endurcies choisissent des hommes plus

Le pouvoir est l'aphrodisiaque suprême.
Henry Kissinger

178

grands, plus âgés et plus riches. Les anthropologues sont unanimes : les femmes choisissent les hommes pour la sécurité au même titre que les hommes choisissent les femmes en fonction de leur fertilité, consciemment ou inconsciemment[68].

L'argent constitue l'une des deux principales sources de conflits conjugaux. J'ai reçu des couples en consultation où la femme avait plus d'ambition que son partenaire qui, lui, se satisfaisait très bien du niveau de vie obtenu et ne voyait pas la nécessité de travailler plus pour améliorer son niveau de vie. J'ai reçu un jour un couple qui dépensait plus de 200 000 $ par année et dont la femme exigeait encore plus de son partenaire entrepreneur pour qu'elle puisse davantage satisfaire ses désirs[69]. Je ne suis pas en train de dire que toutes les femmes sont capricieuses, je dis simplement qu'il est important pour une femme de se sentir en sécurité financière.

Les hommes ressentent beaucoup moins que leurs compagnes ce besoin car ils ont appris à compter sur leur propres moyens. Rappelez-vous que le mot enceinte se dit *embarazada* en espagnol. La femme enceinte est vulnérable car son corps ne lui appartient plus comme avant. C'est pourquoi la présence à ses côtés d'un homme fort, aimant et dévoué sera un gage de sécurité pour elle et l'enfant à naître.

---

[68] C'est ce qui explique le fait que les hommes d'un certain âge sont davantage attirés par de jeunes femmes que par des femmes de leur âge.

[69] Après plusieurs semaines, je réussis à convaincre ce couple de faire un budget. Ils ont ainsi pu faire la différence entre leurs besoins, leurs désirs et leurs caprices. En diminuant les dépenses superflues, ils baissèrent la tension financière qui était en train de vider leur banque d'amour.

Toutefois, comme les femmes sont de plus en plus autonomes, les hommes qui se font une fierté d'être le seul pourvoyeur verront leur orgueil mis à dure épreuve. J'en ai reçu quelques-uns en thérapie. Par contre, je suis convaincu que la majorité des femmes voudrait avoir la possibilité de choisir entre rester au foyer ou travailler. De plus, lorsqu'elles travaillent, elles voudraient utiliser leur argent afin d'améliorer leurs conditions de vie et non pour assurer l'essentiel, d'où leur besoin d'un soutien financier de la part de leur partenaire. Elles cherchent donc à combiner travail et famille, acceptant de travailler à temps partiel pour mieux y parvenir.

L'engagement familial
En fait, le besoin de sécurité des femmes ne se limite pas au soutien financier ; il inclut aussi le besoin de soutien affectif et moral. Les femmes ont besoin de sentir que leur homme est totalement engagé et dévoué à leur bien-être et à celui de leurs enfants. Elles veulent sentir qu'elles peuvent compter sur eux en tout temps et en toutes circonstances. En fait, la vie rêvée d'une femme pourrait se résumer au scénario suivant :

1. Devenir amoureuse d'une homme sentimental et solide.
2. Pouvoir tout lui dire et savoir qu'il peut tout lui dire.
3. Être assurée d'avoir un homme honnête qui respecte ses engagements.
4. Vivre sans souci, en toute sécurité financière.
5. Avoir des enfants qui grandiront dans un contexte d'amour avec un père présent.
6. Être convaincue que l'amour puisse résister au temps.

C'est ce qu'on lui a raconté lorsqu'elle était enfant : « Il la réveilla d'un baiser ; elle le trouva charmant ; ils se marièrent, eurent de nombreux enfants et vécurent heureux ». Quoique aujourd'hui la famille se résume à un ou deux enfants et que ces enfants arrivent de plus en plus tard dans la vie des femmes[70], c'est aussi et encore la réalité désirée par la très grande majorité des femmes saines.

Un bon parent est celui qui comprend l'importance de l'autre parent.

Et toutes les femmes saines savent instinctivement que les enfants ont besoin d'un père pour leur éducation et leur évolution.

Je connais des femmes qui sont devenues amoureuses d'un homme parce que celui-ci s'amusait avec les enfants lorsqu'il se retrouvait en leur compagnie. Si les hommes savaient le pouvoir érotique que possède le fait pour une femme de voir leur partenaire à quatre pattes jouant avec leurs enfants, ils se retrouveraient plus souvent à quatre pattes. Là aussi la femme, devenue mère, s'attend à ce que son partenaire, devenu père, soit un complice dans les soins à donner aux enfants. Malheureusement, l'éducation des enfants constitue l'autre source la plus importante de conflits conjugaux.

Les femmes ont, parfois avec raison, un sentiment de toute puissance maternelle sur leurs enfants et sont convaincues qu'elles savent mieux que les hommes comment s'occuper des enfants. Il est évident que la majorité des hommes n'a suivi aucune formation pour être père et que l'enfant n'est pas arrivé avec le mode d'emploi à la main. Être père s'apprend.

C'est en étant père que l'on apprend à être père.

Vous pouvez évidemment lire des livres sur le sujet ou suivre des ateliers de formation. Vous y apprendrez l'essentiel de ce qu'il faut faire et ne pas faire. Les enfants ont un énorme besoin de stabilité et de fermeté, mais sans rigidité.

---

[70] L'âge moyen du premier enfant est de 28 ans au Canada, 28,7 ans en France et 25 ans aux États-Unis.
Source : Langis et Germain, *La sexualité humaine*, p. 185

Et vous êtes là pour le leur apprendre. Aimer ses enfants ne consiste pas à tout leur laisser faire : ils ont besoin de discipline s'ils veulent apprendre à vivre en société. Comme les enfants sont plus malléables que les adolescents, commencez dès maintenant.

Commencez dès maintenant à vous entendre avec votre partenaire sur des règles éducatives communes. Mettez l'accent là où vous êtes en accord plutôt que d'imposer vos règles. Sachez, Messieurs, que l'enfant possède une devise : diviser pour régner. D'où l'importance d'être deux à véhiculer les mêmes principes éducatifs. Ne démissionnez jamais de votre rôle de père et surtout de votre fonction paternelle[71], même si parfois votre fonction s'oppose à celle de votre partenaire. En tant qu'homme devenu père, vous avez deux missions. La première est de séparer l'enfant de la mère pour permettre à l'enfant de s'élancer dans la vie. C'est d'ailleurs ce que vous faites spontanément lorsque vous lui faites vivre des sensations fortes, le tenez verticalement dans vos bras, le bercer sur votre pied, le faites tourner en lui tenant les bras et le tirer en l'air. Continuez, même si votre partenaire vous dit de faire attention ou pousse de hauts cris.

Votre deuxième mission est de rappeler à la mère qu'elle est aussi une femme de plaisirs, non seulement un être généreux de don de soi. Là aussi, vous le faites spontanément lorsque vous voulez reprendre des activités de loisirs avec elle et des activités sexuelles, une fois terminé son post-partum. Moins vous travaillerez à faire du duo mère – enfant une triade père – mère – enfant, plus votre amante deviendra et demeurera mère.

---

[71] Lire à ce sujet le texte *La réelle fonction du père* à http://www.optionsante.com/yd_reactions_fonct-pere.php, page consultée le 07 août 2010.

Vous devrez toutefois accepter de partager votre amante avec vos enfants. Vous ne serez plus jamais son seul centre d'attention. C'est d'ailleurs ce qu'elle exige de vous : un engagement conjugal, paternel et familial sans faille.

Le choix de l'homme heureux

L'homme qui se veut heureux à long terme doit connaître, respecter et tenir compte des cinq besoins conjugaux fondamentaux de sa partenaire. Accepter de satisfaire ces besoins réels et tout à fait légitimes n'implique aucune soumission puisque la femme qui se veut heureuse à long terme devra elle aussi tenir compte des besoins conjugaux fondamentaux de son partenaire. Le couple est au service des deux. L'homme qui satisfait les besoins de sa conjointe devient irrésistible à ses yeux. Il satisfait ses besoins affectifs et elle a plaisir à faire l'amour avec lui. Il joue avec elle à son jeu préféré, la communication, et elle devient sa compagne de jeux préférée. Il ne lui cache rien de ses sentiments, de ses pensées et de ses actes et elle sait se faire attirante, attachante et positive. Il lui apporte la sécurité dont elle a besoin et elle le soutient en privé, en public et respecte son besoin de tranquillité. Il s'engage à fond au bien-être de sa famille et elle le valorise dans sa façon de faire.

Je ne le répéterai jamais assez : il ne peut y avoir que deux gagnants dans un couple ou deux perdants. Pour que l'un soit gagnant, l'autre doit être gagnante. Accepter de satisfaire les besoins fondamentaux de la femme constitue donc un réel investissement. Appelez ça de la manipulation si vous le voulez, mais c'est de la manipulation à l'usage d'un homme sain, si votre intention est réellement de construire un couple et une famille heureuse. C'est une formule donnant – donnant (sans toutefois tout calculer) dans laquelle les deux partenaires sont à égalité. Si l'un des besoins de votre partenaire n'est pas satisfait, il est fort possible que votre besoin correspondant ne le soit pas aussi. C'est ainsi que les relations conjugales fonctionnent : vous faites continuellement des retraits et des dépôts dans votre banque d'amour. Si vous faites plus souvent des retraits que des dépôts, votre partenaire cessera d'investir dans votre banque.

Besoins masculins	Besoins féminins
Sexualité	Affection
Jeux et loisirs	Communication
Séduction	Transparence
Soutien et paix	Sécurité
Valorisation	Engagement

Tableau 4. Liste des besoins correspondants

Tout homme sain possède aussi des besoins affectifs, veut aussi communiquer, préfère une femme honnête et transparente, a besoin de sécurité financière et psychologique et s'attend à ce que sa partenaire prenne soin de ses enfants. Mais ces besoins fondamentaux ne sont pas aussi prioritaires qu'ils le sont pour la femme.

**Il n'est jamais trop tard
pour cesser de faire des retraits
et pour recommencer à faire des dépôts
dans sa banque d'amour conjugal.**

7

Séduire une femme et la garder

Je reçois régulièrement des demandes de journalistes pour des entrevues sur la séduction. La grande majorité s'attend à ce que je leur livre des secrets infaillibles. Ils sont souvent déçus, car ces trucs miracles n'existent pas. Nous n'avons pas réellement de pouvoir sur qui nous attire et qui nous attirons. Pourtant, nombreux sont les hommes qui croient avoir découvert la formule magique pour faire tomber toutes les femmes qu'ils désirent dans leurs bras. De nombreux sites Internet s'y consacrent et sont prêts, moyennant rétribution, à nous révéler cette formule.

La séduction sur Google
J'ai tapé le mot « séduction » sur Google et j'ai obtenu, en moins de 0,20 secondes, 19 300 000 résultats. Incroyable ! Voici ce qui se dégage des dix premiers sites qui apparaissent sur la première page.

Tout d'abord une liste de livres fortement suggérés :

- *Les secrets de la séduction en ligne.* Le premier guide qui explique aux hommes comment séduire les femmes sur les sites de rencontre.
- *Devenir le meilleur coup de sa vie.* 267 techniques simples et efficaces pour rendre votre copine accro au sexe et collectionner les *fuckfriends*.
- *Devenir un mâle dominant.* La gestuelle, les attitudes et les systèmes de pensée des mâles alpha sont décortiqués dans ce best-seller de la séduction.
- *Le manuel du séducteur.* Écrit par un collaborateur des grands PUA[72] américains, ce livre est la meilleure alternative francophone à la Mystery Method, soit un enchaînement de toutes les techniques nécessaires pour rapidement séduire une fille.
- *Comment récupérer son ex.* Ce best-seller propose une méthode étape par étape pour récupérer votre ex en quelques semaines.
- *Séduire CETTE fille.* Comment séduire LA fille que vous convoitez. Un guide pour sortir de la friendzone, séduire une collègue, une camarade…
- *Savoir parler aux femmes.*
- *Look : Bien s'habiller pour séduire.*

Certains de ces livres peuvent être téléchargés gratuitement.

Il y a aussi des vidéos :

- *Comment bien embrasser une fille.*
- *Comment gérer une one nigth stand avec une femme.*
- *Les cinq piliers de la séduction.*

---

[72] PUA : PickUp Artiste. En référence à une télé réalité dans laquelle le pire dragueur est éliminé à chaque semaine pour que ne reste que le Master PickUp Artist.

Puis, des cours de séduction :
- Apprenez à séduire avec des coachs de séduction.
- Toutes les questions à se poser pour bien choisir son relooking.
- Réussir son premier rendez-vous.
- Un programme de séduction rapide.

On y trouve aussi une boutique Séduction dans laquelle vous pouvez obtenir tous les produits possibles et imaginables susceptibles de vous rendre irrésistible et de vous aider à expédier votre partenaire au septième ciel à tout coup. Il y a des articles, des centaines d'articles. Un site en propose même trois cents. Et, finalement, des blogs où chacun partage ses expériences et demande ou donne des conseils. Certains s'improvisent psys ou deviennent moralisateurs. Certains expliquent d'où leur est venu l'idée de leur pseudo plus ou moins érotique.

Tous ces sites sont agrémentés de photos très sexy de femmes et d'hommes dans des positions très suggestives. Et tous ne parlent que d'une chose : de techniques. Comme si en utilisant la bonne technique, on était assuré d'un résultat positif. C'est très mal connaître la nature humaine et surtout la nature féminine qui met davantage l'accent sur la qualité relationnelle que sur l'aspect technique ou mécanique. Les femmes ne sont pas des machines ni des objets que l'on peut manipuler à volonté pour la satisfaction de nos désirs. Parlant de désir, tous ces sites présentent des techniques de séduction, mais ne vont pas, ou très rarement, au-delà de la conquête. Que se passe-t-il une fois que, bien habillé, vous avez réussi à obtenir un premier rendez-vous, que vous ayez charmé l'objet de votre désir, que vous l'ayez embrassé et que vous ayez réussi, le soir même ou à la troisième sortie, à « baiser » la soi-disant femme de vos rêves ? Qu'en est-il de l'engagement, de la dimension affective, de l'amour, quoi ! Ces sites se limitent à la sexualité comme si l'homme n'était qu'un pénis sur deux pattes et qu'il ne pensait qu'avec son « petit cerveau ». Et qu'il devait aller de conquête en conquête pour se prouver et prouver qu'il est un vrai mâle.

On pourrait rire de tout ça, sauf que ces sites font des affaires en or, surtout lorsqu'ils sont associés à des sites de rencontres. Les sites de rencontre sont, après les sites sexuels, les sites les plus rentables sur Internet. On peut en rire, mais ce qui est moins drôle, c'est que la majorité exploite la naïveté des hommes et des femmes en leur promettant la réalisation de tous leurs rêves et de tous leurs désirs, simplement en claquant des doigts ou plutôt en « cliquant ici »… et en inscrivant leur numéro de carte de crédit.

Les hommes sains à la recherche d'une femme saine et préoccupés par l'égalité des sexes (au-delà des réelles différences biologiques et ataviques) ne peuvent que s'arracher les cheveux à la description de ces multiples stratégies présentant la femme comme une proie facile que n'importe quel dragueur (chasseur) peut piéger. Vous ne me croyez pas ? Lisez ce que j'ai découvert dans l'article *Comment bien « baiser »*[73] :

> « 1. **Trouver sa proie**. Vous avez envie d'une nuit de sexe, mais vous n'avez pas de fuck friend sous la main. Alors où débusquer votre casse-croûte ? Plusieurs choix s'offrent à vous. Le plus facile : les sites de rencontres… La soirée en boîte… Soignez votre apparence… Dansez seul sur la piste… et vous

[73] http ://www.artdeseduire.com/sexualite/comment-bien-baiser, page consultée le 01 août 2010.

n'aurez plus qu'à choisir. Une fois la proie ferrée, offrez-lui un verre, et si le courant passe, ne traînez pas, embarquez-la directement chez vous.»

2. «**Sortir en beauté.** La partie de jambes en l'air a été superbe... mais vous voulez dormir en étoile. Accordez-lui tout de même quelques minutes de discussion pour la laisser doucement redescendre... Si vous êtes gentleman, vous pouvez l'inviter à dormir pour vous offrir un ou plusieurs «extras» durant la nuit.

Mais si vous voulez congédier la demoiselle, vous pouvez y aller cash: «Veux-tu que je t'appelle un taxi?» ou plus délicatement «Je dois aller voir des amis, veux-tu que je te raccompagne?» Dans tous les cas, essayez d'avoir du tact, il est toujours bon de laisser à une femme un souvenir d'un très bon coup. Vous pourrez ainsi la rappeler pour une autre nuit!

Avec un peu d'entraînement, vous obtiendrez un carnet d'adresses de coups d'un soir, ce qui vous évitera de repartir à la chasse!»

Incroyable, mais vrai. Sans commentaire!

Sur cette première page - la deuxième ne semblait pas différente -, deux seuls sites apparaissent plus sérieux et plus scientifiques. Ceux de Wikipedia[74] et Psycho-Ressources[75].

---

[74] http://fr.wikipedia.org/wiki/S%C3%A9duction, page consultée le 07 août 2010.

[75] http://www.psycho-ressources.com/bibli/seduction.html, page consultée le 07 août 2010.

Le processus de séduction

Nous n'avons pas réellement de pouvoir sur qui nous attire et qui nous attirons, car la séduction est plus affaire de nez que de raison. Il existe des aspects inconscients qui relèvent davantage de la physiologie que de la psychologie. Il nous est impossible d'aimer une femme si son odeur n'arrive pas à titiller nos papilles olfactives. Ni séduire une femme si elle ne le désire pas. Sur cette attirance, nous avons très peu de pouvoir ou de contrôle. Mais nous avons un certain pouvoir lorsque les phéromones[76] ont fait leurs effets et que la femme convoitée nous a manifesté son intérêt : nous avons le pouvoir d'entretenir et d'encourager le processus de séduction et d'aller au-delà ou de faire fuir, par ignorance ou maladresse, la femme qui s'intéresse à nous. Nous pouvons aussi rebrousser chemin lorsque nous nous rendons compte que malgré l'attirance olfactive inconsciente, visuelle et sexuelle, sa personnalité ne nous est pas compatible ou qu'au-delà du plumage, le ramage s'avère inintéressant.

Voici quelques données pertinentes en matière de séduction[77] :
- Séduire signifie « attirer l'autre à l'écart pour obtenir certaines faveurs ».
- Le processus de séduction comporte cinq étapes bien étudiées par les comportementalistes.
- Ces étapes peuvent être rapides (coup de foudre) ou réparties dans le temps (fréquentations).
- Ce processus est tantôt sous le contrôle de l'un, tantôt sous le contrôle de l'autre.

---

[76] Les phéromones sont une sécrétion externe produite par un animal, y compris l'animal humain, qui provoquent chez ses congénères des comportements spécifiques, comme attirer ou repousser.

[77] Pour en savoir davantage : http://www.optionsante.com/yd_articles.php?mag=Qu%E9bec&edge=15, page consultée le 07 août 2010.

- En général, la femme est plutôt séductrice (et non pas passive) et contrôle les premières étapes ; l'homme est plutôt intrusif et la poursuite de la relation vers l'engagement à long terme dépend souvent de lui.
- L'objectif est de trouver un rythme d'avancées et de retraits qui convient aux deux protagonistes. Il faut que le regard intrusif de l'homme rencontre les yeux réceptifs d'une femme, et vice-versa, pour que les jeux de l'amour et du pouvoir puissent prendre place.

Il y a une différence fondamentale entre draguer et séduire. Le dragueur consulte les sites de séduction, arrive avec ses gros sabots et, contrairement aux promesses de ces sites, se retrouve généralement seul car il provoque chez la femme la réaction : « S'il croit qu'il va me mettre dans son lit en deux temps, trois mouvements… ». Le séducteur sincère, lui, suscite plutôt le désir d'être mieux connu parce qu'il n'est pas seulement intéressé par le sexe, mais aussi et surtout par la personne. Si le séducteur et la séductrice tiennent compte des désirs de l'un et de l'autre, que les deux respectent leurs façons d'être et ont pour objectifs de réaliser ensemble des projets de vie, les deux seront alors gagnants. Pour l'homme honnête qui a bien compris la nature de la femme et qui, en plus, vise de réels projets d'égalité, de partage et de complicité, la séduction devient alors un jeu délicieux.

Quelques conseils pour séduire la femme de votre choix (et qui le veut bien)

Avec plus d'une femme sur trois vivant seule dans les grandes villes, il est relativement facile de trouver des femmes à séduire. Mais encore vous faut-il séduire et non draguer.

Soyez vous-même. Pour plaire, il faut de préférence se montrer sous son plus beau jour, se mettre en valeur, mais il faut surtout se présenter sous son vrai jour et ce, le plus rapidement possible. Ne jouez pas à l'indépendant et ne cherchez pas à l'impressionner avec vos réussites. Dévoilez vos réelles opinions sur des sujets controversés, exprimez vos sensibilités, affirmez vos valeurs sur la famille, l'argent, la politique, la religion, parlez de vos projets... révélez-vous, quoi! Sinon, ce sera de la fausse représentation. Combien d'hommes se sont montrés romantiques, communicateurs, attentifs, prévenants, affectueux, toujours en accord avec les propos de celle qu'ils voulaient séduire pour, une fois l'union consommée, se montrer, au grand désarroi de leur partenaire, tels qu'ils sont: introvertis, froids, distants, axés sur leur travail... À bas les masques!

Si vous ne réussissez pas à conserver l'intérêt d'une femme plus de quelques semaines, c'est probablement parce que les femmes que vous rencontrez perçoivent votre duplicité, votre fourberie, votre inauthenticité. Et elles ont le pif pour vous sentir, dans les deux sens du mot. La femme saine sera davantage séduite par l'homme sincère qui affirme ce qu'il est, exprime ses accords, mais aussi ses désaccords, et dit franchement ce qu'il veut, au risque de déplaire. L'homme qui ne s'assume pas attirera davantage de femmes à la féminité malsaine (- ou +). En étant lui-même un homme à la masculinité saine, il fera probablement fuir les intrigantes, les dolosives, les égocentriques, les matérialistes, les ensorceleuses... Ce sera tant mieux pour lui, malgré tout le charme et la passion dont ces femmes sont capables. De toute façon, ces femmes ne vous méritent pas.

Il ne s'agit pas de trouver la bonne personne, mais la bonne personne pour soi.

Rose-Marie Charest

Aucune recherche scientifique n'a, à ce jour, prouvé que les agences ou sites de rencontres, malgré leur popularité, aient donné de meilleurs résultats que les rencontres fortuites. Ne croyez pas tout ce que ces sites vous promettent. Par contre, les recherches sur les couples heureux ont démontré qu'ils étaient formés d'hommes autonomes et heureux lorsque célibataires ; des hommes qui ne cherchaient pas continuellement une partenaire de vie, mais qui profitaient de leur célibat pour réaliser leurs projets personnels, professionnels et autres.

Mettez l'accent sur ce que vous aimez. Il existe en tout homme un sauveur qui s'ignore. Si vous jouez au sauveur, vous vous retrouverez avec une femme – victime qui, un jour ou l'autre, finira par devenir votre bourreau parce que vous ne l'aurez pas sauvée comme elle aurait voulu l'être. Donc, à moins de vouloir être malheureux toute votre vie, cessez de jouer au héros et dites ce que vous voulez d'une relation en mettant l'accent sur ce que vous aimez et sur ce que vous attendez d'une femme. Dites aussi dès le départ ce que vous ne voulez pas ou n'accepterez jamais de la part d'une femme, telles les critiques continuelles, la jalousie, les calculs… Là aussi, vous risquez de faire fuir un certain nombre de femmes par vos exigences, mais au moins celles qui resteront sauront à quoi s'en tenir. Vous aurez été transparent et honnête dès le départ. Les couples heureux à long terme sont formés de deux personnes exigeantes.

Dites-lui, aussi et surtout, les activités que vous aimeriez partager avec elle et ce que vous appréciez chez elle. Rappelez-lui les bons moments que vous avez passés avec elle. Complimentez-la sur sa tenue, sa coiffure, ses bijoux. Avez-vous remarqué comment les femmes se complimentent entre elles ? Elles se complimentent sur ce qu'elles sont, beaucoup plus que sur ce qu'elles font. Faites la même chose.

Écoutez-la et parlez-lui. La femme, vous le savez, est un être qui adore communiquer ; c'est son jeu préféré. Mettez en pratique le titre d'un livre de Jacques Salomé, *Chéri, parle-moi ! J'ai des choses à te dire.* Non seulement vous intéresser à ce qu'elle vous raconte constitue une stratégie de séduction efficace, mais c'est aussi une excellente façon de la re-connaître au fil des ans. Comme ça vous éviterez qu'un jour elle vous dise : « M'écoutes-tu quand je te parle ? » ou « J'ai l'impression de parler à un mur. »

Le plus important n'est pas de comprendre ce qu'elle vous dit, mais d'écouter, d'écouter et encore écouter. Elle vous fera entrer dans son monde subjectif fait d'émotivité et de spiritualité et aura l'impression que vous la comprenez parce que vous l'écoutez. Le plus drôle, c'est qu'à force d'écouter, vous finirez probablement par comprendre. Du moins, c'est comme ça qu'on apprend une nouvelle langue. Au début, on ne comprend que des sons ; puis, lentement, on reconnaît le sens des sons ; finalement, on découvre les subtilités de la langue. Par exemple, le mot espagnol « mañana » ne signifie pas « demain », mais bien « pas maintenant » ou « plus tard ». Il en va de même pour les femmes : « toujours » ne signifie pas tout à fait toujours, « jamais » non plus. Écoutez et vous comprendrez mieux le langage des femmes qui vous trouveront charmant parce que vous savez si bien écouter, au contraire des autres qui ne font que pérorer. Écoutez, et vous saurez mieux lui parler.

Regardez-la. Et si, en plus d'écouter et de lui parler dans un langage qu'elle apprécie, vous la regardez dans les yeux (particulièrement dans l'œil gauche[78]), vous passerez paradoxalement pour un homme qui sait parler aux femmes et pour un véritable gentleman. Les femmes adorent être regardées ; elles dépensent des fortunes pour y arriver et passent des heures devant leur miroir à vérifier l'impression qu'elles pourront provoquer, particulièrement dans le regard des hommes.

Dans le règne animal, c'est plutôt le mâle qui se pare de toutes ses couleurs pour attirer l'attention des femelles. Chez les humains, c'est la femme qui se maquille, qui s'habille sexy, qui fait tout pour provoquer physiquement (et sexuellement) l'homme. Et elle le fait généralement de façon consciente et délibérée. On pourrait même en poursuivre quelques-unes pour harcèlement sexuel ou exhibitionnisme (ce sont plutôt les hommes que l'on traite de voyeurs et de harceleur). Si vous soulignez sa beauté en la regardant dans les yeux, pas ailleurs, vous partez gagnant.

Des deux précédents conseils, il en résulte qu'une véritable écoute comporte six caractéristiques :

1. Vous maintenez un contact visuel avec la personne qui vous parle.

---

[78] Selon Philippe Turchet, l'œil gauche est l'œil du cœur, donc l'œil de la séduction, alors que l'œil droit est celui de la raison, donc du contrôle. Pour en savoir davantage, lisez *Les codes inconscients de la séduction*, Montréal, Éditions de l'Homme, 2004. Ce livre est le résultat d'observations méthodiques sur le processus de séduction.

2. Vous ne faites rien d'autres (télévision, journal...) lorsqu'elle vous parle.

3. Vous observez son langage corporel.

4. Vous écoutez les mots, mais aussi les intonations.

5. Vous attendez qu'elle ait terminé avant de parler à votre tour.

6. Vous restez en contact avec ce que vous ressentez en écoutant.

Avant de parler, vous pouvez aussi résumer le discours de l'autre en commençant par : « Si j'ai bien compris... »

Appréciez sa façon d'être. Pour séduire une femme, rien de plus efficace que de s'intéresser à ce qui l'intéresse. Porte-t-elle beaucoup de bijoux ? Parlez-lui de sa passion des bijoux. Les murs de son appartement sont garnis de belles toiles ? Parlez de son penchant pour l'art. Elle a une collection de masques ? Dites-lui que vous aussi adorez voyager, si tel est le cas. Elle porte des vêtements qui sortent de l'ordinaire ? Admirez son originalité, à la condition que cette admiration soit sincère. Observez sa personne et son environnement et vous pourrez facilement trouver les sujets de conversations qui l'animeront et vous rendront intéressant.

Rappelez-vous que la femme vit selon des modes concret et rationnel (elle est même souvent plus matérialiste qu'on n'ose le croire), mais que ses modes de fonctionnement préférés sont plutôt émotif et spirituel. La relation est au centre de sa vie de femme, de professionnelle, de mère et d'amante. Mettez donc l'accent sur la qualité de la relation, sur l'échange de détails intimes, sur ce qui ne s'achète pas avec de l'argent, mais qui est l'essentiel de la vie, sans devenir trop « rose »[79].

Faites appel à son intelligence. Oui, la femme fait tout pour attirer l'attention sur elle en se parant de ses plus beaux atouts, mais ce n'est pas seulement son corps qu'elle offre, à moins d'avoir affaire à une vamp : une femme à la féminité malsaine + qui utilise ses charmes pour attraper les hommes, comme on attrape les mouches avec du miel. La femme saine s'offre tout entière à qui sait l'apprécier. Elle offre son corps, son cœur et sa tête. Elle maquille son corps, son cœur est toujours prêt à aimer celui qui se comporte de manière aimable, mais c'est en s'adressant à son intelligence qu'on la séduit réellement.

Reconnaître ses connaissances, apprécier ses jugements, partager et confronter vos opinions (politiques, culturelles, scientifiques, psychologiques…) avec les siennes sera plus efficace pour conquérir la femme de votre choix que seulement vous extasier sur sa beauté physique et lui donner l'impression du « Sois belle et tais-toi ! ». Lui demander ce qu'elle pense de tel événement d'actualité, s'intéresser à sa réaction à un film qu'elle vient de voir, s'informer de ce qu'elle a aimé d'un livre qu'elle a lu, lui demander conseil sur vos achats… lui démontrera que vous n'êtes pas seulement intéressé à son corps, mais à sa personne entière. Les femmes, contrairement aux hommes, ne font pas de distinction entre leur corps et leur être, car elles fonctionnent de façon holistique.

---

[79] L'homme rose représente, au Québec, l'antithèse du macho.

Soyez diplomate. Des hommes ont saboté des relations qui auraient pu devenir de belles histoires d'amour par manque de tact, avec une blague grossière, des propos trop directement intimes ou par inattention. Les femmes ont tendance à prendre mille détours et à user de subtilités pour transmettre des messages. Être diplomate signifie développer la capacité de lire entre les lignes et de déchiffrer les messages codés.

Certains messages peuvent facilement être décodés, comme dans l'exemple du couple en voiture. Madame dit : « Veux-tu t'arrêter pour boire ou manger quelque chose ? ». Comme c'est Monsieur qui conduit et qu'il n'a ni faim, ni soif, il répond « Non » et continue sa route. Arrivé à destination, il ne comprend pas que sa compagne le boude. Il ne comprend pas, qu'à son tour, il aurait pu avoir un égard pour elle et lui demander si, elle, elle avait faim ou soif.

D'autres insinuations sont plus complexes, comme dans l'exemple mis en scène par l'humoriste québécois Pierre Légaré :

« Pourquoi me parles-tu de Josée depuis une demi-heure ? »

« Bien, vois-tu, Josée a des problèmes de communication avec son mari. Quand elle essaie de lui en parler, ça n'a pas l'air de l'intéresser. Alors, elle utilise des moyens détournés pour ramener le sujet dans la conversation, mais lui ne se rend pas compte du tout de ce qu'elle essaie de faire. »

(Après un moment d'hésitation) « Est-ce que je peux faire quelque chose pour Josée ? »

L'homme mis en scène par Pierre Légaré ne comprend pas que ce commentaire s'adresse à lui.

Dans ces exemples, l'homme pourrait croire que la femme cherche à le manipuler en faisant ainsi des détours, ou qu'elle le sous-estime, mais en fait, elle ne veut pas le brusquer ou le confronter ; elle le fait par égard pour lui. L'homme pourrait dire qu'elle fait exprès pour compliquer les choses, mais en fait on pourrait lui rétorquer qu'il ne fait pas suffisamment attention à ce qu'elle dit. Il n'est donc pas en mesure de comprendre les subtilités du message. On constate facilement ces différences de communication lorsque des petits garçons et des petites filles jouent ensemble. Le garçon dira «Donne-moi ça!» et prendra le jouet des mains de l'autre enfant, alors que la petite fille demandera : «Est-ce que tu veux me prêter ton jouet?». Autre exemple : le garçon dira «On va jouer à tel jeu, et c'est moi qui serai le chef» alors que la petite fille proposera «Que diriez-vous de jouer à tel jeu? Qui veut être le chef?».

Les femmes, entre elles, utilisent souvent des façons indirectes pour obtenir ce qu'elles veulent ou dire les choses de façon à ne pas blesser la susceptibilité de l'autre. En retour, elles attendent, en toute légitimité, à ce que les autres fassent de même avec elles. L'homme qui se veut heureux aurait donc avantage à être moins «directif», certaines diraient moins autoritaire ou paternaliste.

Utilisez les mots magiques. «S'il vous plaît» et «Merci» sont deux expressions que toutes nos mères ont cherché à nous inculquer. Ce sont des mots qui démontrent notre savoir-vivre et notre civisme. Ce sont aussi des mots qui nous ouvrent bien des portes et qui entretiennent l'harmonie relationnelle. Mais, lorsqu'il est question de relations amoureuses, ces mots peuvent s'accompagner de mots «magiques» comme : «S'il te plaît, ma Chérie, voudrais-tu…» ou «Merci beaucoup, mon Amour, tu es vraiment gentille».

Je ne pensais jamais avoir à écrire ce qui précède, mais lorsque j'observe le comportement de certains hommes, on dirait que leur partenaire est à leur service et qu'elle ne mérite aucune considération ni aucune estime pour tout ce qu'elle peut faire pour lui. Comme si tout lui était dû. Ce qui me déconcerte le plus, c'est, lorsqu'en thérapie ou dans ma vie quotidienne, un homme désigne sa femme en disant «Elle». «Elle» est pourtant juste à côté de lui et «Elle» a un prénom. Le prénom est ce qu'il y a de plus personnel et de plus intime pour chacun d'entre nous. C'est le mot magique le plus puissant : dire le prénom de la personne que l'on aime avec tendresse et amour est un vrai «Sésame, ouvre-toi!». L'intonation utilisée pour dire le nom de la personne signe le respect que l'on a ou non pour elle. Et la puissance de ce mot magique est multipliée si, par exemple, vous dites «Anne, ma Chérie, que dirais-tu de…». Ça coûte très peu et ça rapporte énormément.

Soignez votre apparence. «M. Dallaire, j'aimerais que vous disiez à mon partenaire de prendre sa douche plus souvent» me demanda un jour une cliente. Au cas où vous ne le sauriez pas, les femmes ont un odorat de deux à dix fois plus développé que celui des hommes, particulièrement lors de la période du mois où elle sont sexuellement le plus disponible et durant leurs grossesses. D'où l'importance de votre odeur corporelle. Les femmes accordent beaucoup d'attention à l'hygiène et particulièrement aux petits détails : ongles mal coupés, barbe mal rasée, vêtements non repassés, souliers défraîchis, la qualité de vos bijoux, les poussières dans votre appartement, l'odeur de votre salle de bains, les éclaboussures dans le miroir, votre parfum... Une journaliste, un jour, me demanda, hors entrevue, comment elle pourrait dire à un amoureux potentiel de ne pas mettre autant de lotion après-rasage dont elle n'aimait pas le parfum.

Dès la rencontre initiale, la femme vous scrute, vous analyse et vous cote. Elle remarque votre allure générale, votre démarche, vos vêtements, la façon dont vous croisez vos bras ou vos jambes... Une amie m'a déjà dit qu'elle vérifiait la qualité d'un homme à l'état de ses chaussures. Demandez aux femmes de votre entourage ce qu'elles remarquent en premier chez un homme et vous verrez que ce n'est pas tout à fait la même chose que vous. De plus, après une première rencontre, elle se rappellera la couleur de vos yeux et de vos cheveux, ainsi que la griffe et la couleur de vos vêtements, ce que je doute que vous soyez capable de faire.

Quelques conseils pour garder la femme de votre vie (si désiré)

Il est relativement facile de trouver des femmes à séduire. Mais, entre séduire une femme et investir avec elle pour la vie, il y a un grand pas que peu réussisse à franchir si l'on se fie aux statistiques sur le mariage et le divorce. Selon l'Institut de la statistique du Québec, en 2007[80], le Québec possédait le plus bas taux de mariage de tous les pays occidentaux, soit 2,9 pour 1 000 habitants. À titre de comparaison, la France a un taux de 4,2, le Canada, 4,7, et les États-Unis, pays plus conservateur, 7,4. Il a déjà été de 10.7 au Québec dans les années cinquante. L'âge du mariage est passé, pour les femmes, de 21 ans en 1970 à près de 30 ans ; celui des hommes, de 23 ans à 31 ans.

---

[80] Institut de la statistique du Québec (2007). http://www.stat.gouv.qc.ca/donstat/societe/demographie/ etat_matrm_marg/501a.htm, page consultée le 20 juin 08.

Quant au taux de divorce, vous le savez, il se situe à près de 50%, dans les pays occidentaux, pour les couples mariés depuis 1970. Selon certaines estimations, si la tendance se maintient, 67% des couples mariés depuis 1990 seront divorcés en 2030. Pour les couples vivant en cohabitation, et dont le Québec est aussi le champion mondial, il faut majorer ce taux d'un minimum de 10 à 15%. Les recherches nous démontrent que le divorce est initié à 20% seulement par les hommes. C'est donc dire le pouvoir des femmes sur la poursuite ou non de la vie commune et la stabilité du choix des hommes. Les femmes divorcent ou se séparent parce qu'elles n'ont pas obtenu ce qu'elles espéraient de leur relation. Leur Prince, au lieu de se transformer en Roi et faire d'elle une Reine, est redevenu Crapeau.

Ce sont plus souvent les femmes que les hommes qui initient le divorce ou la séparation, mais on ne peut leur en attribuer la seule responsabilité. Des hommes ont tout fait, consciemment ou inconsciemment, pour pousser leur femme à vouloir mettre un terme à la relation. Ils l'ont fait en ne respectant pas les stratégies décrites ci-dessous.

Aimez la femme que vous avez choisie. Le proverbe arabe qui dit aux femmes : « N'épouse pas l'homme que tu aimes, aime l'homme que tu as épousé » est aussi vrai à l'inverse. Sauf que j'ajouterais une nuance : « Aime la femme que tu as épousée et toutes celles que tu découvriras en elle ». Car, peu importe la femme que vous choisirez, elle changera beaucoup plus que vous ne pourrez le faire. Cessez de croire qu'elle restera toujours la jeune femme que vous avez rencontrée et qu'elle vous rendra heureux pour le reste de votre vie. Vous rêvez !

La passion est une impulsion, l'amour est une décision.
Scott Peck

Je vous rappelle que le couple n'est pas fait pour rendre heureux ; il est plutôt un creuset pour générer des crises et des confrontations, tout simplement parce qu'il est formé de deux personnes différentes, même si aimantes et de bonne foi. Que ces crises soient des crises de croissance ou de décroissance dépend en grande partie de vous. Cette croissance ne sera possible que si, au-delà de vos désaccords, vous continuez à respecter la femme que vous avez aimée suffisamment pour l'épouser (ou vous mettre en ménage).

Arrêtez de vous défendre. Je sais, Messieurs, qu'après le sexe, ce à quoi vous aspirez le plus de votre femme, c'est à la paix, avec un grand P. Il y a même une expression qui résume votre attente : le repos du guerrier. Mais, encore là, cessez de rêver : elle ne vous laissera jamais en paix, car elle veut vivre intensément avec vous ; elle veut approfondir l'intimité, vous connaître à fond, partager des projets avec vous. Vous aviez cru qu'une fois trouvé la femme de votre vie, vous pourriez maintenant viser d'autres objectifs professionnels, sociaux ou personnels. Mais, elle, elle espère qu'au contraire la vraie vie va enfin commencer avec vous.

Vivre avec une femme, c'est accepter qu'elle vienne dans votre territoire sans avoir, au préalable, frapper à la porte. C'est aussi accepter qu'elle vous donne des conseils non sollicités et qu'elle fasse des commentaires sur votre façon de vous habiller ou de vous comporter (avec les enfants, les amis, les voisins, vos parents et les siens). Si vous vous enfermez dans votre « caverne », si vous bougonnez lorsqu'elle vous critique, si vous refusez d'entendre l'expression de ses états d'âme… soyez assuré qu'elle vous critiquera de plus en plus et qu'elle vous dira que vous n'êtes plus l'homme qu'elle avait rencontré. Elle deviendra de plus en plus sensible aux attentions d'un autre homme.

Si, au contraire, vous restez ouvert, si vous acceptez de l'entendre (à défaut de mettre ses conseils en pratique), si vous êtes réceptif lorsqu'elle vient vers vous, si vous apprenez à désamorcer lorsque vous avez l'impression d'être critiqué ou pris en faute, il se peut qu'elle vous rende au centuple les efforts que vous faites.

Exprimez-vous! Exprimez vos pensées, vos projets, vos préoccupations, vos émotions… Essayez de penser « à voix haute » au lieu de ne communiquer que le résultat de votre réflexion. Le silence est la pire des violences psychologiques qu'un homme, à son insu, puisse faire à sa partenaire. Lorsqu'une femme voit son partenaire pensif, lorsqu'elle le sent préoccupé, elle voudrait qu'il partage ses « secrets » avec elle. Les femmes se racontent continuellement des secrets entre elles, sur le ton de la confidence, et c'est comme ça qu'elles entretiennent leur intimité et leur amitié. Faites de votre femme votre meilleure amie (je n'ai pas dit co-locataire). Une amie, c'est quelqu'un à qui l'on confie tout, sans fausse pudeur.

Les membres des couples heureux à long terme ont évolué de la passion à l'amour et à l'amitié. L'amitié est un sentiment beaucoup plus stable que l'amour, parce qu'il est basé sur la connaissance l'un de l'autre, et plus épanouissant que la passion, laquelle n'est faite que d'intensité sensorielle et émotive passagère. Les couples heureux à long terme sont composés de deux amis qui continuent d'avoir des projets et de faire l'amour ensemble. Comment devient-on amis? En écoutant, en ne jugeant pas, en acceptant l'autre comme *autre*, en n'essayant pas de le changer et, surtout, en parlant, en s'intéressant à l'autre et à ses projets, en mettant l'accent sur les compatibilités et non sur les différences, en mettant en commun des projets. Pour cela, Messieurs, il vous faut prendre le risque de vous mettre à nu.

Donnez-lui des marques d'affection. J'ai un jour écouté la conférence d'un ex-dépendant émotif raconter tout ce qu'il avait fait pour séduire et conserver l'amour de l'une de ses partenaires. Il était toujours autour d'elle et lui faisait de multiples cadeaux hors de prix : vêtements, bijoux, bague à 3 000 $... Quand elle le quitta, parce qu'elle étouffait, elle emporta tout, y compris la bague. Quand je vous dis de manifester des marques d'affection à votre partenaire, je ne vous dis pas d'acheter son amour, de vous ruiner pour elle ou de devenir dépendant. Vous avez même avantage à garder un certain jardin secret. Être affectif ou affectueux signifie exprimer vos sentiments, manifester votre plaisir d'être avec elle, être tendre et chaleureux, dire des mots magiques…

Une multitude de petites marques d'attention sera beaucoup plus appréciée qu'une grosse surprise, même si la réaction risque d'être plus enthousiaste. Les femmes ne calculent pas comme les hommes. Offrez deux douzaines de roses rouges à la St-Valentin et vous obtiendrez un point amoureux ou érotique. Offrez vingt-quatre fois une fleur, différente à chaque fois, et vous obtiendrez vingt-quatre points érotiques. Pour le même prix au total, mais vous aurez à aller vingt-quatre fois chez le fleuriste. Et chaque fois, elle saura qu'elle était dans vos pensées, donc que vous tenez à elle. Être attentif signifie aussi l'observer suffisamment pour savoir si elle aime bien les fleurs, quelles fleurs elle préfère, ou si elle ne préfèrerait pas autre chose à la place des fleurs, des petits bijoux par exemple. Si vous l'écoutez vraiment, elle vous enverra des indices, subtils

C'est la pensée qui compte, pas le coût du cadeau. certes, mais des indices. Les femmes testent leur homme pour vérifier s'il s'intéresse à elles et s'il l'écoute vraiment. Et n'oubliez pas de l'étreindre et de lui dire « Je t'aime » en lui offrant votre présent. Ça s'appelle une valeur ajoutée. Vous pouvez aussi lui écrire des petits mots d'amour que vous laissez traîner un peu partout.

Être affectueux signifie aussi être attentif aux petites modifications qu'elle apporte sur elle : des nouvelles mèches de cheveux, un nouveau bijou, un nouveau parfum, un nouvel agencement de ses vêtements... Je sais, pour être moi-même fautif, que ce n'est pas facile de remarquer tous ces petits détails devant lesquels sa sœur, sa mère et sa meilleure amie s'exclameront. Mais, là aussi, c'est une façon de lui dire qu'elle est importante pour vous.

Désamorcez! Tous les couples se disputent pour les mêmes raisons et en utilisant la même dynamique[81] inconsciente. L'amour et la bonne foi n'ont rien à y voir et ne sont généralement pas en cause, comme j'ai eu maintes fois l'occasion de l'observer en consultation. Les deux font leur possible et croient que tout s'arrangerait rapidement si l'autre voulait bien écouter et se ranger à leur point de vue. Mais chacun tient à son point de vue, particulièrement l'homme qui entre alors dans une argumentation rationnelle parce que désarçonné au plan émotif. Ce qui amène sa partenaire à lui dire : « C'est ça, tu veux toujours avoir le dernier mot. Tu veux encore avoir raison. Tu ne comprendras jamais rien. »

---

[81] Lire à ce sujet : *Cartographie d'une dispute de couple*, publié chez Jouvence, Genève en 2009.

Tout comme il existe des mots magiques; il existe aussi des stratégies magiques: le désamorçage est probablement la plus efficace. Et comment désamorce-t-on? En donnant raison à l'autre, en avouant ses torts, en demandant pardon, en utilisant l'humour, en ne prenant pas sur soi les réactions de l'autre et, souvent, en écoutant tout simplement jusqu'au bout ce que l'autre nous dit. Il faut parfois accepter de perdre une bataille (une argumentation) pour gagner la guerre (l'amour). Messieurs, vous devez mettre de côté ce que Fritz Pearls, le père de la gestalt-thérapie, appelle le *bullshitter*[82], soit l'ego, d'où l'orgueil. Là où l'orgueil existe, il y a peu de place pour l'amour véritable.

> *Ne laissez pas une petite dispute ruiner une grande amitié.*
> Dalaï Lama

Entretenez des projets de couple. Les hommes ont plus que les femmes tendance à ne pas changer ce qui fonctionne bien et à s'enliser dans des routines, surtout si celles-ci ont été profitables par le passé. Or, les femmes, êtres de changements par excellence, adorent la nouveauté et les surprises. C'est pourquoi, si vous voulez vivre longtemps avec votre partenaire, il vous faut élaborer des projets avec elle. Des projets à court terme (un à trois ans), à moyen terme (trois à dix ans) et à long terme (plus de dix ans). Où irez-vous pour vos prochaines vacances?

> *Un couple qui n'a pas de projets ne survit pas.*

Quand rajouterez-vous cette fameuse pièce qui manque à la maison? Que ferez-vous lors de votre retraite? Un couple est constitué de deux personnes qui rêvent ensemble. Le couple est en soi un projet pour réaliser des projets de couples, des projets personnels et des projets familiaux. Justement, à quand le premier ou le prochain enfant?

---

[82] Littéralement, le «faiseur de conneries» ou le baratineur.

Soyez sensuel. Les hommes vont droit au but, pas les femmes. Elles adorent que vous les fassiez languir, que vous les intriguiez, que vous stimuliez leur désir. La façon d'arriver au but est souvent beaucoup plus importante pour elles que le but en lui-même. Dites à votre femme que ce soir vous voulez faire l'amour et vous risquez fort de vous endormir sur votre désir. Dites-lui en partant le matin que vous avez hâte de revenir et de passer une soirée agréable avec elle et vous augmenterez les probabilités de satisfaire votre désir légitime. Et pourquoi ne pas revenir avec une nouvelle fleur ? Elle ne sera pas dupe, mais au moins elle appréciera le « détour ».

Lorsqu'elle travaille à l'ordinateur ou qu'elle cuisine, passez près d'elle, frôlez-la sans la toucher, flattez-lui le dos ou les cheveux, dites-lui que vous la trouvez belle… tout en observant si elle est réceptive ou non à ces petites attentions. Approchez-vous d'elle et prenez-lui les seins ou les fesses et vous vous ferez traiter d'obsédé sexuel : « Tu ne penses qu'à ça ». Et paradoxalement, elle sera de moins en moins réceptive, même lorsque votre intention sera seulement de lui manifester un peu d'attention et de la toucher sans arrière-pensée. Cessez d'être linéaire et de répéter continuellement les mêmes gestes afin qu' « elle ne vous voie pas venir avec vos gros sabots ».

Retenez ceci : l'homme est plus génital que la femme, laquelle est plus sensuelle. La femme a moins besoin d'orgasme que l'homme pour apprécier un rapport sexuel. La génitalité et la sensualité sont le recto et le verso de la sexualité. Ce que la majorité des hommes ne sait pas toutefois, c'est que la génitalité de la femme est sans limites,

La femme s'épanouit sexuellement dans un contexte amoureux.

contrairement à à la sienne. Alors, Messieurs, plus vous serez sensuels et sentimentaux, plus vous risquez d'être gagnant et plus, en vieillissant, votre sexualité s'enrichira, et celle de votre couple aussi.

Montrez votre sensibilité. Oui... mais pas trop. Que l'on soit homme ou femme, reconnaître sa sensibilité, c'est reconnaître son humanité et, paradoxalement, c'est se renforcer. Reconnaître que l'on puisse se sentir fragile, désemparé, triste, apeuré... parfois, est tout simplement humain. Avoir besoin de l'autre n'est pas un signe de faiblesse, encore moins un signe de soumission. Faire appel à l'autre, c'est lui donner l'occasion de se rendre utile, de se sentir efficace et important. Si les hommes acceptaient plus facilement de demander de l'aide, leur taux de suicide baisserait. Contrairement à la croyance populaire, le sexe fort, c'est le sexe féminin[83], malgré son apparence de fragilité.

Quand je dis «Oui... mais pas trop», je signifie que vous pouvez laisser aller vos larmes, ou du moins avoir les yeux dans l'eau, devant un film ou une situation qui vous émeut, mais pas à devenir pleurnichard pour un rien. Oui, je veux bien à l'instar de certains intervenants que l'homme exprime davantage ses émotions, mais n'oubliez pas que l'expression d'une émotion, peu importe laquelle, trace un sentier neurologique dans le cerveau et rend plus sensibles les neurones associés à cette émotion. Soyez enthousiaste, soyez émotif, mais ne devenez pas une émotion sur deux pattes. Et exprimez davantage vos émotions dites positives.

---

[83] Les preuves en sont multiples : espérance de vie plus longue, meilleur système immunitaire, meilleure résistance au froid et à la douleur, meilleur équilibre de ses deux hémisphères cérébraux, cerveau multifonctionnel, maturité sexuelle plus précoce, plus grande acuité des sens (sauf la vision diurne), centre de la parole plus développé, plus grande dextérité manuelle, plus grand potentiel sexuel, capacité de récupération plus grande...

Soyez le père de vos enfants. D'après certaines observations, plus d'un tiers des pères abandonne leur rôle de père et confie la responsabilité de l'éducation de leurs jeunes enfants à la mère. Ce pourcentage est encore plus élevé dans les cas de séparation où la garde des enfants est laissée à la mère dans plus de 80% des cas. La paternité a plutôt mauvaise presse. Il faudrait faire mentir les conclusions du sociologue Germain Dulac[84] qui démontre que les études faites sur la paternité l'ont été autour de quatre paradigmes négatifs : la passivité, l'absence, la violence et l'abus. On commence à peine à étudier la paternité pour elle-même, ses caractéristiques intrinsèques, ses apports à l'éducation et à l'évolution des enfants ou les façons de mieux l'exercer.

Il faudrait faire mentir ces statistiques car c'est dans le domaine de l'éducation des enfants que l'homme peut le plus rapidement accumuler des points amoureux en stimulant l'admiration et le respect de sa partenaire. L'engagement familial est l'un des cinq besoins conjugaux de la femme. L'homme qui participe à la construction du nid familial, à son entretien (tâches ménagères) et aux soins des petits est assuré d'avoir une partenaire aimante, probablement pour la vie. Mais, vous devez vous en occuper comme un homme et non pas vous soumettre aux directives de votre partenaire – mère. Ce qui ne veut pas dire de contester systématiquement ses directives, mais de reconnaître vos limites.

Vous devez vous en occuper de telle sorte qu'elle sache qu'elle peut vous faire totalement confiance pour la sécurité de « ses » enfants, qu'elle peut prendre du temps pour récupérer et s'occuper d'elle, qu'elle peut partir un week-end chez une

---

[84] Dulac, Germain, http://www.travel-net.com/~pater/ouvrages.htm, page consultée le 13 août 2002.

amie sans avoir à tout préparer avant de partir et de téléphoner à toutes les heures pour savoir si les enfants vont bien. Vous devez lui faire comprendre que ce sont aussi «vos» enfants, que vous les aimez et que vous ne ferez rien qui puisse mettre leur santé ou leur vie en danger. Comprenez que l'enfant devient, pendant un certain temps, le centre de la vie d'une femme – mère, mais qu'elle n'a

> **Même la meilleure des mères ne peut faire un bon père.**
> Laura Doyle

pas la science éducative infuse et que, tout comme elle, vous devez vous occuper de vos enfants pour apprendre à être parent.

Vous devez faire vos preuves en vous occupant vous-mêmes des enfants en sa présence et aussi lors de ses absences au lieu de les confier à votre mère. Je connais malheureusement des hommes qui n'ont pas su profiter du plaisir d'être père; d'autres ont laissé leur femme s'interposer entre eux et «leurs» enfants. C'est l'enfant qui est toujours perdant car l'enfant en manque de père risque de manquer de re-pères ou, comme l'a écrit le psychanalyste Guy Corneau, d'être des enfants manqués[85]. Les filles souffrent aussi de l'absence du père, pas seulement les garçons.

Être mère constitue une mission biologique. Si dans 92% des espèces animales, le mâle se fout complètement de l'élevage des petits, il ne semble pas en être de même pour les 8% qui reste et dont nous faisons partie. Il est même démontré que les familles dont le père est absent produisent plus d'enfants ayant des problèmes socio-affectifs, scolaires ou comportementaux (délinquance, gang de rue…). L'enfant a donc besoin de son père pour l'amour que celui-ci peut lui prodiguer, mais aussi

---

[85] *Pères manquants, fils manqués*, Montréal, Éditions de l'Homme en 2000 (1989).

pour apprendre les règles nécessaires à une vie d'adulte responsable. Le père existe pour sécuriser l'enfant, mais aussi pour le séparer de la mère. C'est ce qui explique que l'enfant devient, chez les couples malsains, une source de conflits conjugaux. L'homme a donc avantage à prendre son rôle au sérieux car c'est souvent dans le rapport avec les enfants que se joue l'avenir du couple. L'éducation de l'enfant et la gestion de l'argent sont les deux principales sources de conflits conjugaux avant, pendant et après le divorce.

Restez l'homme que vous êtes. Si vous saviez le nombre de fois où, dans mon bureau, une femme s'est adressée à son partenaire en lui disant : « Si tu savais comme j'aimerais ça que, parfois, tu te comportes comme un homme ! ». Généralement, le motif de consultation était d'ordre sexuel. Ce à quoi la femme faisait alors référence, c'était au fait qu'elle ne savait pas qui était son partenaire, parce que non suffisamment affirmatif, qu'il ne s'opposait jamais à elle, qu'il n'exprimait jamais ses opinions et qu'elle ne savait pas où étaient ses limites. Elle avait affaire à un «yes Mam'» et non à un homme qui se tient debout. Autant il peut exister des hommes manipulateurs, autocratiques et froids, autant il existe ce que le journaliste Serge Paquin appelle un homme whippet[86], soit un homme qui se laisse conduire par sa femme.

Femme désirée, femme désirante.
Danièle Flaumenbaum

Whippet, non pas en référence au biscuit à la guimauve molle entourée de chocolat légèrement durci que l'on trouve au Québec, mais en référence à la race de chiens de course de type lévrier d'origine anglaise nommée whippet, lequel tient

---

[86] Paquin, Serge, *L'homme whippet*, Québec, JCL, 2004.

sa queue rentrée entre ses deux jambes, même content, ainsi qu'à l'expression anglaise *whip it* signifiant «fouette-le» ou «vas-y» (pour le faire avancer, j'imagine). Cet homme n'est plus un homme pour une femme et il est évident qu'elle sera déçue, qu'elle n'aura aucune admiration pour lui, qu'elle perdra sa libido et finira par le quitter, parce que réellement désenchantée. Autant, la femme saine déteste les machos, autant l'homme rose ne l'allume pas.

Ce qu'une femme saine veut, c'est d'un homme sain. Un homme capable d'exprimer ses accords et ses désaccords. Un homme qui ne s'écrasera pas à la première difficulté et capable de se retrousser les manches. Un homme capable de lui dire : «Tu exagères, ma Chérie», si tel est le cas. Un homme capable de garder son identité, même amoureux et marié. Un homme qui ne se mettra pas à genoux devant elle, sauf pour la demander en mariage. Un homme qui n'abandonnera pas ses goûts, ses amis, ses activités pour n'adopter que les siennes. Un homme capable de s'occuper de ses besoins personnels (faire la bouffe, s'occuper de son linge, entretenir une maison, s'occuper de son hygiène et de sa santé…). Un homme autonome qui s'occupe aussi de sa croissance personnelle au lieu de s'écraser devant la télé dès son travail terminé. Un homme capable de lui renvoyer une image d'elle-même positive et solide parce que lui-même est positif et solide. Un homme qu'elle peut admirer.

Un homme, pardi! Pas un enfant dont elle doit prendre soin.

Le choix de l'homme heureux

Considérez la femme comme une proie sexuelle et vous ne rencontrerez que des femmes faciles, des femmes victimes ou des femmes qui vous enverront paître. Faites de la fausse représentation en vous montrant plus fort que vous ne l'êtes et écrasez-vous devant votre partenaire une fois conquise et vous vous retrouverez rapidement devant une mégère. Tenez-vous debout, restez l'homme sain que vous sentez en vous, faites-vous confiance, appliquez les quelques conseils ci-dessus pour séduire votre partenaire et entretenir une relation saine avec elle et vous serez le plus heureux des hommes, même si parfois des différends éclatent et des crises surviennent.

Conclusion

La trilogie du bonheur conjugal

Ce livre termine la trilogie du bonheur conjugal que j'ai imaginée après la publication, en 2001, de mon livre *Homme et fier de l'être*. J'ai essayé dans cette trilogie de présenter la vie à deux selon trois points de vue : celui du couple et des dynamiques qui l'animent, celui de la femme en ce qu'elle a d'unique et celui de l'homme et de ses spécificités. *Homme et fier de l'être* m'a permis de remettre les pendules à l'heure à une époque où l'homme était devenu tout ce qu'il ne fallait pas être au Québec, à une époque où seules les valeurs féminines avaient droit de cité. Mon but était de détruire tous les préjugés sexistes dont les hommes font l'objet et qui ne peuvent que saper les bases du couple, de la famille et de la société. J'espère que ce livre a stimulé et que cette trilogie stimulera un sain débat sur les relations homme – femme.

Aussi simpliste que cela puisse paraître, un couple est formé de deux personnes. La formule traditionnelle du mariage, 1 + 1 = 1, n'a plus cours aujourd'hui, tout simplement parce qu'il est fini le temps où deux personnes se sacrifiaient au nom du couple pour assurer leur survie et celle de leur progéniture. Le couple moderne est une association où deux personnes égales travaillent à leur épanouissement et à celui de leurs enfants. Cette égalité ne peut se faire sans respect réciproque, lequel ne peut venir que de la connaissance, l'acceptation et l'admiration de la féminité ET de la masculinité. Il sera impossible de vivre en harmonie aussi longtemps que la femme ne comprendra pas, qu'au-delà des différences sexuelles, l'homme est son meilleur ami et que l'homme ne comprendra pas la même chose. Nous sommes «condamnés» à vivre ensemble, essayons donc de le faire du mieux possible en acceptant qu'il puisse exister deux langages, un langage féminin et un langage masculin, tous deux porteurs de sens.

Un excellent symbole du couple se trouve dans mon bureau : un damier sur lequel, d'un côté, j'ai disposé les douze pièces d'un jeu de dames et, de l'autre, les seize pièces d'un jeu d'échec. Ou si vous préférez, un échiquier sur lequel, face à face, se retrouvent les pièces d'un jeu d'échec et les pièces d'un jeu de dames. Peu importe, il est impossible de jouer à ces deux jeux en même temps.

La période de séduction et de lune de miel, laquelle dure rarement plus de deux ans, correspond à la découverte de quelqu'un qui désire jouer avec nous. Chacun installe donc tranquillement et de façon très égocentrique ses pièces du jeu, assuré que l'autre va jouer selon ses règles. Nous sommes dans l'euphorie et nous croyons que cet amour nouveau va durer éternellement. Nous savons que d'autres couples n'ont pas réussi, mais ce sera différent pour nous... parce que, nous, on s'aime vraiment, du moins nous le croyons. Or, ces

Avant le mariage, nous ne rêvons que de bonheur conjugal.
Gary Chapman

amoureux sont tout, sauf altruistes : c'est notre besoin d'aimer et surtout d'être aimé que nous voulons combler. Et nous nous unissons, espérant ainsi combler notre vide existentiel. Nous croyons être amoureux, mais c'est l'amour que nous aimons.

Vient un jour où la réalité nous rattrape. Un jour où nous découvrons que l'autre ne semble pas vraiment connaître nos règles et qu'il n'est pas ce que nous avons imaginé. Le réveil est parfois brutal, parfois plus lent, mais nous finissons par nous accuser réciproquement de fausse représentation ou de s'accuser soi-même d'avoir été naïf. Nous nous retrouvons dans la réalité du couple, soit deux personnes qui ne jouent pas selon les mêmes règles et qui, contrairement à ce qu'elles pensaient, utilisent deux formes de langage. Commence alors une confrontation entre les besoins de l'homme et ceux de la femme, entre le jeu de dames et le jeu d'échec. Vous le savez maintenant, la moitié des couples divorce, plusieurs se résignent et seul quelques-uns réussissent à inventer un jeu nouveau à partir des règlements du jeu de dames et du jeu d'échec. Ceux et celles qui démissionnent recommencent avec un deuxième joueur et échouent dans plus de 65 % des cas, et à plus de 75 % avec un troisième joueur. L'espoir, les illusions, la passion et le refus de la réalité les aveuglent.

Mes trente ans de pratique en thérapie conjugale m'ont appris, pourtant, que ces deux joueurs veulent être heureux. Le problème n'est pas dans l'absence d'amour ou de bonne foi, à moins d'être un tricheur. Le problème réside surtout dans l'ignorance des différences entre les hommes et les femmes, dans l'ignorance des dynamiques inhérentes à la vie de couple et dans l'absence d'efforts pour cesser d'imposer ses règles et chercher plutôt à connaître les règles de l'autre joueur. C'est ce que j'ai essayé d'expliquer dans ma trilogie.

Le véritable amour n'est pas fait de coup de foudre et de sensations ou d'émotions intenses. Selon le psychiatre Scott Peck, auteur du livre *Le chemin le moins fréquenté*, la passion n'est pas de l'amour pour trois raisons :

1. La passion est une impulsion et ne repose pas sur une décision consciente. La preuve : il nous est impossible de décider de « tomber amoureux » malgré tous nos efforts.

2. La passion ne nécessite aucun effort : c'est une réaction instinctive qui pousse un homme et une femme l'un vers l'autre pour assurer la survie de l'espèce humaine.

3. La personne passionnée ne se préoccupe nullement de l'autre ; elle est égocentrée.

Si vous avez déjà vécu un moment de passion, vous savez que la passion n'est pas de l'amour, mais une véritable drogue.

L'Amour est fait de raison et de sentiments, pas d'obsession. Le véritable amour, c'est ce que nous décidons de construire ou non après la baisse de la passion. L'amour constitue en ce sens l'objectif du couple. Pour y arriver, nous devons le décider et faire les efforts nécessaires pour le construire à travers les crises et les conflits inévitables de la vie à deux. Le véritable amour procède d'un égoïsme altruiste, non d'un égocentrisme déconnecté de la réalité. La passion du début, lorsqu'elle est présente, cimente le couple, mais il faudra beaucoup de connaissances et d'efforts pour que l'amour puisse se développer sur cette attirance instinctive. Cela en vaut la peine ou, comme dit l'un de mes amis, en « vaut la joie ».

Pour s'aimer réellement l'homme et la femme doivent apprendre à jouer au même jeu, chacun doit apprendre le langage de l'autre et non chercher à imposer son propre langage. De plus, chacun(e) doit mettre en pratique les cinq langages de l'amour de l'anthropologue et conseiller conjugal Gary Chapman[87] :

1. Ne dire que des paroles valorisantes et d'encouragement.

2. Vivre ensemble des moments de qualité.

3. S'échanger régulièrement des cadeaux, dont le principal est le don de soi.

4. Se rendre mutuellement des services.

5. Se toucher.

Tout cela est à votre portée.

---

[87] Chapman, Gary, *Les langages de l'amour. Les gestes qui disent « Je t'aime »*, Gatineau, Éditions du Trésor caché, 2008.

Facteur G vs facteur P

Toute science recherche des lois générales explicatives, mais rares sont les lois générales qui ne possèdent pas d'exceptions. La psychologie, et la psychologie différentielle des sexes en particulier, ne fait pas exception à cette « loi générale ». La psychologie recherche des lois générales applicables à tous les individus : c'est ce qu'on appelle le facteur G. Mais les psychologues sont bien placés pour savoir que de nombreux cas d'exception existent : c'est ce qu'on appelle le facteur P, pour personnel. L'exception ne devient toutefois jamais la règle.

Toutes les femmes n'ont pas un comportement contrôlant tout le temps ; certaines femmes ont trouvé en elles la base de leur sécurité. Tous les hommes ne sont pas toujours sur la défensive ; certains ont appris à bien écouter. Mais quand des dizaines de milliers de femmes accusent leur partenaire de ne pas communiquer, quand des dizaines de milliers d'hommes reprochent à leur partenaire leurs exigences de perfection, on est en droit de se demander où est le facteur G et où est le facteur P.

Il est donc possible que vous n'ayez pas tout à fait reconnu votre partenaire dans la description que j'ai faite de la femme tout au long de ce livre ou que soit quelque peu différent l'homme dont j'ai esquissé le portrait dans *Qui sont ces femmes heureuses?*. Si tel est le cas, cela n'invalide en rien les bases de la psychologie différentielle des sexes. Mais il se peut que votre éducation et l'influence de votre milieu social (votre culture) aient été exceptionnellement fortes pour influer sur vos tendances naturelles ou celles de votre partenaire. Nous sommes le produit de l'interaction entre la nature et la culture et, oui, le cerveau est malléable, mais jusqu'à une certaine limite. Oui, les stéréotypes ont fort évolué depuis une cinquantaine d'années, mais nous restons et resterons toujours mâle ou femelle, à quelques exceptions génétiques près.

Quand la science ignore certains faits pour servir une idéologie (…)
ce n'est plus de la science, c'est de la propagande pour un dogme.
Kenneth Hilborn

Liste des tableaux

Bibliographie

ANSEMBOURG, Thomas D', *Cessez d'être gentil, soyez vrai*, Montréal, de l'Homme, 2001.

BADINTER, Elisabeth, *XY, de l'identité masculine*, Paris, Odile Jacob, 1992

BATESON, Grégory, *La nature et la pensée*, Paris, Le Seuil, 1984.

BEAUVOIR, Simone de, *Le deuxième sexe*, Paris, Gallimard, 2008.

BLOOM, Howard, *Le principe de Lucifer*, Paris, Le jardin des livres, 2001.

BRACONNIER, Alain, *Le sexe des émotions*, Paris, Odile Jacob, 1996.

BRILLON, Monique, *Ces pères qui ne savent pas aimer et les femmes qui en souffrent*, de l'Homme, Montréal, 1999.

BRIZENDINE, Dr Louann, *Les secrets du cerveau féminin*, Paris, Bernard Grasset, 2006.

BUTLER-BOWDON, Tom, *50 classiques de la psychologie*, Montréal, de l'Homme, 2010.

CARTER, J. et SOKOL, J., *Ces hommes qui ont peur d'aimer*, Paris, J'ai lu, 1994.

CHAPMAN, Gary, *Les langages de l'amour. Les gestes qui disent «Je t'aime»*, Gatineau, Trésor caché, 2008.

CHAREST, Rose-Marie, *La dynamique amoureuse, entre désirs et peurs*, Montréal, Bayard Canada, 2008.

CHESLER, Phyllis, *Woman's Inhumanity to Woman*, Penguin Books, Plume, 2003.

CLOZEL, Claire-Marie, *Pourquoi les petits garçons ne sont pas des petites filles...*, Montréal, Tryptique, 2007.

DALPÉ, Yves, *L'infidélité n'est pas banale*, Montréal, Québécor, 2006

DeANGELIS, Barbara, *Les secrets sur les hommes que toute femme devrait savoir*, Montréal, Edimag, 1993.

DELIS, Dean et PHILLIPS, Cassandra, *Le paradoxe de la passion*, Paris, Robert Laffont, 1992.

DOYLE, Laure, *The Surrendered Wife, A Practical Guide to Finding Intimacy, Passion and Peace with a Man*, New York, Simon & Schuster, 1999. (N.D.A. Je suggère fortement la lecture de l'original plutôt que sa version française dont le titre ne rend pas justice à l'auteure : *Femmes soumises, ou comment garder son mari en lui disant toujours oui*, First Édition, Paris, 2001.)

DSM-IV : *Diagnostic and Statiscial Manual – Revision 4*. Ce manuel diagnostic et statistique des troubles mentaux est publié par l'Association américaine de psychiatrie depuis 1994.

DURDEN-SMITH, Jo et DESIMONE, Diane, *Le sexe et le cerveau. La réponse au mystère de la sexualité humaine*, Montréal, La Presse, 1985.

ELLIS, Cose, *A Man's World*, Canada, Harper-Collins, 1995.

FARRELL, Warren, *The Myth of Male Power : Why Men Are the Disposable Sex*, New York, Simon & Schuster, 1993.

FISHER, Helen, *Histoire naturelle de l'amour, Instinct sexuel et comportement amoureux à travers les âges*, Paris, Robert Laffont, 1994.

FREEMAN, Dan, *Le cerveau du bien et du mal. 7 raisons de développer une conscience nouvelle*, Montréal, Quebecor, 2007.

GEARY, David C., *L'évolution des différences sexuelles humaines*, Belgique, DeBoeck université, 2003. Traduction de *Male Female - Evolution of Human Sex Differences*.

GERMAIN, B. et LANGIS, P et coll., *La sexualité humaine*, Montréal, ERPI, 2009.

GINGER, S. & Al., *La Gestalt, une thérapie du contact. Hommes et Groupes*, Paris, Marabout, 2000.

GINGOLD, Alfred, *Fire In The John: The Manly Man In The Age Of Sissification*, New York, St. Martin's Press, 1991.

GIROUX, Michel, *Psychologie des gens heureux*, Québec, Quebecor, 2005.

GOLBERG, Dr Herb, *Être homme, Se réaliser sans se détruire*, Montréal, Le Jour, 1982.

GOLDBERG, Steven, *Why Men Rule*, Chicago, Open Court Books, 1993.

GOLEMAN, Daniel, *L'intelligence émotionnelle*, Paris, Robert Laffont, 1997.

GOTTMAN, John et SILVER, Nan, The Seven *Principles for Making Mariage Work*m Orion Publishers, 2004. Ce livre est aussi disponible en français sous le titre *Les couples heureux ont leurs secrets*, Paris, J.C Lattès, 1999.

GRAY, John,

• *Les hommes viennent de Mars, Les femmes viennent de Vénus*, Montréal, Logiques, 1994.

• *Mars et Vénus en amour*, Montréal, Stanké, 1999.

GRIMBERT, Pierre et BILODEAU, Lise, *De l'amour à la haine*, Montréal, Ada éditions, 2008.

HARLEY, Willard F., *Elle et lui. Combler les besoins de chacun pour une relation durable*, Brossard, Un monde différent, 2ᵉ éd. 2009.

HENDRIX, Harville, *Le défi du couple*, Laval, Modus Vivendi,1994.

JANOV, Arthur, *La Biologie de l'amour*, Monaco, Le Rocher, 2001.

JOHNSON, Skene Olive, *The Sexual Spectrum, Exploring Human Diversity*, Vancouver, Raincoast Books, 2004.

KIMURA, Doreen, *Cerveau d'homme, cerveau de femme?* Paris, Odile Jacob, 2000.

KLEIN, Stefan, *Apprendre à être heureux. La neurobiologie du bonheur*, Paris, Robert Laffont, 2002.

LANGIS, Pierre, *Psychologie des relations intimes. L'amour et le couple*, Montréal, Bayard Canada, 2005.

Langis, Pierre, GERMAIN, Bernard, DALLAIRE, Yvon, NORMANDEAU, Diane et ROSS, Mariève, *La sexualité humaine*, Saint-Laurent, Renouveau Pédagogique, 2009.

Le VAY, Simon, *Le cerveau a-t-il un sexe?* Paris, Flammarion, 1994.

MACCOBY, Eleanor et JACKLIN, Carol, *The Psychology of Sex Differences*, Stanford, Stanford University Press, 1974.

MENDELL, Adrienne, *Travailler avec les hommes: les règles du jeu. Tout ce qu'une femme doit savoir pour réussir dans un monde d'hommes*, InterÉditions/ Masson, Paris, 1997.

MINTO, Arlo Wally, *Tous ensemble, tous différents. Le secret des complémentarités dans le couple et dans la vie.* Genève, Jouvence, 2007.

MORRIS, Desmond, *La femme nue*, Paris, Calmann-Levy, 2005.

NAZARE AGA, Isabelle, *Les manipulateurs et l'amour*, Montréal, de l'Homme, 2000.

NORWOOD, Robin, *Ces femmes qui aiment trop*, Montréal, Stanké, 1986.

PAQUIN, Serge, *L'homme whippet*, Québec, JCL, 2004.

PSALTI, Iv, *Migraines ou gros câlins*, Paris, J'ai lu, 2008.

PSALTI, Iv, *Sexe. Savez-vous vous y prendre avec les hommes. Secrets et vérité sur le sexe des hommes à l'usage des femmes!*, Bruxelles, Ixelles édition, 2011.

PEASE, Allan & Barbara, *Pourquoi les hommes n'écoutent jamais rien et les femmes ne savent pas lire les cartes routières*, Paris, First éditions, 2001.

PORTELANCE, Colette, *La liberté dans la relation affective*, Montréal, Cram, 1996.

PROULX, Mario, En collaboration, *La planète des hommes*, Montréal, Bayard Canada, Montréal, 2005. Ce livre a donné lieu à une série d'émissions disponible à la radio de Radio-Canada à www.radio-Canada.ca/radio/profondeur/hommes, page consultée le 17 juillet 2009.

ROBERT, Jocelyne, *Le sexe en mal d'amour*, Montréal, de l'Homme, 2005.

SCHNARCH, David, *Passionate Marriage, Keeping Love and Intimacy Alive in Committed Relationsahip*, Henry Holt and cie, New York, 1997.

SOLANO, Catherine, *Les trois cerveaux sexuels. Entre pulsion, affection et réflexion : comment vivre sa sexualité*. Paris, Robert Laffont, 2010.

TANENBAUM, Joe, *Découvrir nos différences*, Outremont, Quebecor, 1992.

TANNEN, Déborah, *Décidément, tu ne me comprends pas, Comment surmonter les malentendus entre hommes et femmes*, Paris, Robert Laffont, 1990.

THIBODEAU, Richard, *Votre vie, reflet de vos croyances*, Montréal, Quebecor, 2007.

WILSON SCHEF, Anne, *Ces femmes qui en font trop*, Laval, Modus Vivendi, 1997.

WRIGHT, John, *La survie du couple*, Montréal, Le Jour, 1990.

ZELINSKI, Ernie, *L'art de ne pas travailler*, Montréal, Stanké, 1998.

Remerciements

La publication d'un livre résulte des efforts concertés de nombreuses personnes. L'auteur en est certes le personnage central, mais sans éditeur, sans diffuseurs et sans libraires, le message de l'auteur resterait virtuel. Mes premiers remerciements vont donc à tous ces gens qui, dans l'ombre pour la plupart, travaillent au succès d'un livre.

Je remercie aussi tous les chercheurs et auteurs qui, avant moi, se sont penchés sur les relations homme – femme afin de m'en faire découvrir la richesse. La majorité de ces auteurs se retrouve dans ma bibliographie.

Mes clients et les participants à mes divers ateliers sont une autre source qui m'a permis de colliger et de mettre à l'épreuve nombre d'informations et de stratégies décrites dans ce livre. À tous et à toutes, merci infiniment de m'avoir fait confiance en vous révélant à moi dans l'intimité de mon bureau ou lors d'échanges en ateliers et d'avoir confirmé nombre d'hypothèses sur les relations homme – femme.

Merci aux multiples organisateurs de mes conférences et activités tant au Québec que lors de mes tournées en Europe. Merci à tous les journalistes qui ont fait écho de mes propos lors de leurs émissions radio ou télé ou dans les pages de leurs magazines.

Je ne voudrais pas passer sous silence le travail créatif et administratif de ma collaboratrice, Caroline Bédard, en qui j'ai toute confiance. Merci à ma compagne de vie, Renée Bérubé, de tous ses commentaires souvent élogieux et parfois *critiques* de mes idées et écrits.

Merci à Paul Dewandre d'avoir si bien rendu les différences homme – femme lors de ses spectacles accessibles à un grand public et d'avoir accepté de signer la préface de ce livre.

Merci d'avance à tous ceux et celles qui me feront parvenir leurs commentaires.

Prochaines activités et publications

Le psychologue Yvon Dallaire organise régulièrement des conférences publiques et des ateliers pour couples tant au Québec qu'en Europe francophone (France, Suisse et Belgique). Il supervise aussi des journées de sensibilisation et des programmes de formation à l'approche psycho-sexuelle appliquée aux couples (APSAC).

Pour être tenu au courant de ses prochaines activités et de ses nouvelles publications et recevoir le bulletin mensuel d'information des éditions Option Santé, inscrivez-vous sans aucun engagement à http://optionsante.com/bulletin.php ou consultez régulièrement son site personnel à www.yvondallaire.com.

Vous pouvez aussi communiquer avec nous pour l'organisation de conférences, d'ateliers ou de programmes de formation dans votre localité ou pour votre organisme, partout dans la francophonie. N'hésitez pas non plus à nous faire part de vos commentaires.

Les éditions Option Santé
675, Avenue Marguerite-Bourgeoys, bureau 301
Québec (Québec) G1S 3V8 Canada
info@optionsante.com
www.optionsante.com
+418.687.0245

Ce livre a été rédigé lors de séjours à
Villas Playa Samara, Costa Rica
http ://villasplayasamara.com
2009-2010

Imprimé sur les presses de
Marquis Imprimeur
Novembre 2012